2019年全国大众创业万众创新活动周
2019 National Mass Innovation and Entrepreneurship Week

双创人物风采录

SHUANGCHUANG RENWU FENGCAILU

《双创人物风采录》编委会 ◎ 编著

知识产权出版社
全国百佳图书出版单位

图书在版编目（CIP）数据

双创人物风采录/《双创人物风采录》编委会编著.—北京：知识产权出版社，2019.9
ISBN 978-7-5130-6313-5

Ⅰ.①双… Ⅱ.①双… Ⅲ.①企业管理—创业—中国 Ⅳ.①F279.23

中国版本图书馆CIP数据核字（2019）第118709号

内容简介

"大众创业、万众创新"点燃了很多人的创业之梦。蚂蚁计划、优客工场、柔宇科技、英特尔创新加速器、喜马拉雅FM、考工记、UCloud、凌云电动汽车、银河水滴、深之蓝，这些创新型高成长企业如何"熬"过最艰难的生存期？资金、人才、技术哪一个更重要？……
阅读本书，从10位创始人的话语中找寻成功创业的基因。

责任编辑：安耀东　　　　　　　　　　责任印制：孙婷婷

双创人物风采录

《双创人物风采录》编委会　编著

出版发行	知识产权出版社 有限责任公司	网　　址	http：//www.ipph.cn
电　　话	010-82004826		http：//www.laichushu.com
社　　址	北京市海淀区气象路50号院	邮　　编	100081
责编电话	010-82000860转8534	责编邮箱	anyaodong@cnipr.com
发行电话	010-82000860转8101	发行传真	010-82000893
印　　刷	北京中献拓方科技发展有限公司	经　　销	各大网上书店、新华书店及相关专业书店
开　　本	720mm×1000mm　1/16	印　　张	6.75
版　　次	2019年9月第1版	印　　次	2019年9月第1次印刷
字　　数	103千字	定　　价	32.00元

ISBN 978-7-5130-6313-5

出版权专有　侵权必究
如有印装质量问题，本社负责调换。

《双创人物风采录》编委会

执行主编：龚玲丽　刘洪岩
委　　员：姜晨怡　王　怡　金志伟
　　　　　卜　勇　孟庆楠　卢泽灏

目录

高成长性企业教你如何"熬"过生存期	001
第一章　蚂蚁计划	002
于杰：蚂蚁计划是沪江网的再创业	002
快问快答	009
我与双创：和副总理一起启动双创周	010
高成长性企业：老牌互联网企业需要新版图	011
第二章　优客工场	012
毛大庆：创业就是要想明白怎么"闭环"	012
快问快答	020
我与双创：优客工场和双创周的不解之缘	021
高成长性企业：我有一颗"全球化"的野心	022
第三章　柔宇科技	024
刘自鸿：创业的秘诀就是死磕到底	024
快问快答	031
我与双创：双创周提升了我们的影响力	033
高成长性企业：柔性显示无处不在	034
第四章　英特尔创新加速器	035
李洪刚：英特尔创新加速器——创客们的群英会	035
快问快答	043
我与双创：英特尔创新加速器亮相双创周	044

第五章　喜马拉雅 FM　　　　　　　　　　　　　　045
余建军：成就自己，成就用户　　　　　　　　　　　045
快问快答　　　　　　　　　　　　　　　　　　　052
我与双创：创新创业，和 500 万声音创客一起　　　053
高成长性企业：谁说创业企业只会"烧钱"？　　　　053

第六章　考工记　　　　　　　　　　　　　　　　055
张望：我只是踏踏实实做事　　　　　　　　　　　055
快问快答　　　　　　　　　　　　　　　　　　　061
我与双创：今天，我们给孩子埋下创新的种子　　　062

第七章　UCloud　　　　　　　　　　　　　　　063
季昕华：高管创业的酸甜苦辣　　　　　　　　　　063
快问快答　　　　　　　　　　　　　　　　　　　070
我与双创：双创人物先锋称号　　　　　　　　　　071

第八章　凌云电动汽车　　　　　　　　　　　　　073
祝凌云：你的初心是什么？守住她　　　　　　　　073
快问快答　　　　　　　　　　　　　　　　　　　080
我与双创：双创周是国家重视未来科技发展的表现　081
高成长性企业：两轮汽车，不只是炫酷　　　　　　082

第九章　银河水滴　　　　　　　　　　　　　　　083
黄永祯：谁说科学家不能创业　　　　　　　　　　083
快问快答　　　　　　　　　　　　　　　　　　　090
我与双创：步态识别初次亮相双创　　　　　　　　091

第十章　深之蓝　　　　　　　　　　　　　　　　092
魏建仓：创业，选择最难的事，和自己竞争　　　　092
快问快答　　　　　　　　　　　　　　　　　　　099
我与双创：参与双创周，让我的演讲视频被点击上千万次　100
高成长性企业：做水下装备的全球品牌　　　　　　101

高成长性企业教你如何"熬"过生存期

自 2014 年，李克强总理在达沃斯夏季论坛上首次提出"大众创业、万众创新"的概念以来，全国大众创业万众创新活动周（以下简称"双创周"）已经走过了 3 年的历程。在国家明确提出创新驱动发展战略的背景下，双创周的影响力日益增强，通过丰富多彩、遍布全国各地的活动，增加了人们对"双创精神"的理解和认识。在充满机遇和变革的时代，神州大地上创新创业的故事，无不带给我们深深的感慨与启示。

据不完全统计，参加过双创周活动的企业已经超千家。今天，我们再回头看这些企业名单时，发现有的企业已经黯然离开；更多的企业逐步发展，走出了适合自己的道路；有的企业甚至已经成为行独角兽级别的企业，引领整个行业的发展。

柔宇科技、优客工场、喜马拉雅、UCloud、沪江网、深之蓝……当这些独角兽级别公司的创始人坐在你面前，你最想问他什么问题？

创业如何度过最艰难的生存期？

这是一个很难回答的问题。但是由于它太过重要，是创业者实现理想的基础，所以，这也是我们一直在试图找寻的答案。

为此，作为 2018 年全国大众创业万众创新活动周的预热项目，双创人物风采录采访组从历年参加的企业中，挑选出 10 家具有典型特点的企业，采访了其创始人。

也许他们已经上市，也许他们是你眼中光芒万丈的"大咖"，但他们都曾经跟我们一样，为了企业的生存而挣扎。他们究竟是怎么做的？

让我们跟着这些光彩照人的双创人物一起，学会如何熬过创业的生存期，为梦想而奋斗。

第一章 蚂蚁计划

于杰：蚂蚁计划是沪江网的再创业

8个人、8万块钱、8张转椅，在上海浦东一个小区里开始创业的沪江创始人之一——于杰，是"蚂蚁计划"的发起人。他说："我们相信，唯有教育才能改变贫穷，唯有互联网让教育更公平。"

2017年，蚂蚁计划参加了当年的全国大众创业万众创新活动周展示。2018年8月，双创人物风采录采访组联系到"蚂蚁计划"的创始人之一于杰，听他讲述创办蚂蚁计划的经历。

在谈到发起"蚂蚁计划"的契机时，于杰说："我在延安学习的时间里，学了两条革命真理：第一条，高举抗日救国的大旗，团结一切可以团结的力量来抗日！第二条，唯有先进的制度才是吸引天下人财物支持我们共产党闹革命的根本保障。"这些话听起来有些"高大上"，但确是于杰他们创办"蚂蚁计划"的初衷之一。

"蚂蚁计划"由中国最大的互联网教育平台沪江网发起，以"一群蚂蚁改变中国教育"的教育梦想为核心，致力于为有教育梦想、敢于创业的伙伴提供场地、资金、资源等一系列的创业扶持及帮助。"蚂蚁计划"于2015年3月正式启动。发展至今，已在全国建立9大创客空间和一座位于上海高桥的蚂蚁创客小镇，直接服务上千创客。

与单枪匹马、独自闯出一片天地的创业者不同，依托现有资源与行业优势，进行企业内部创新创业，从而孵化出全新的企业单元，也是双创的

> 蚂蚁创客挑选创业者的标准是"一身正气、满腔热血"。
> ——于杰

上海爱知文化传播有限公司、上海蚂蚁筑巢投资管理有限公司2015年成立，2017年参加双创周相关活动

重要组成部分。这样的创新创业新在哪里？创业者应该怎样利用企业原有的资源与经验？创业者又是否会受到原企业的掣肘？这样的创业模式，看起来既稳妥又能满足自己内心创业"小梦想"，是不是一种最佳选择？

初衷：老牌企业的人才困境

说到"互联网＋教育"的理念，沪江网可以说是元老之一。14 年前，于杰参与创办沪江网。如今，沪江网已经是互联网教育行业老资格的企业了。然而，于杰却说，"年轻"是沪江网的标签之一，800 名员工的平均年龄仅 27 岁。别看年纪不大，他们中的有些人其实就是网上受追捧的名师。

当下在线教育正红火，沪江网经过多轮融资，尤其是 2003 年两千万美元的 B 轮以及 2017 年百度主导的 1 亿美元的 C 轮融资过后，虽然未上市，但估值已经高达 100 亿元。

蚂蚁计划参与双创周开幕

钱是不缺了，但困惑却挥之不去。"我们估值 100 亿，国内愿意投这么大一笔投资的投资人并不多，尤其是给一个未上市的公司。多数的国内投资人找我们谈，无非问三个问题：收入多少，利润多少，何时上市。但我觉得一个优秀的教育平台不应该局限于上市。"除了融资困惑之外，沪江网联合创始人于杰更感慨人才的困惑，"过去两年沪江网有很多优秀人才离开去创业。我觉得引入人才难，但留住人才更难"。

"我们留不住人才，肯定不是人才的错，只可能是自己的错，既然他们的离开是为了创业，那我们为什么不提供平台，让他们创业呢？"正是这样的困惑让于杰萌生了创办"蚂蚁计划"的决心。

原来，即使是老牌的、实力雄厚的企业，也始终面临着这样或那样的难题。于杰这样的选择，也是沪江开拓事业版图的重要一步。

资金、场地、经验和人才是制约创业者的四大因素，蚂蚁计划的目的在于做减法，降低创业门槛。为了解决资金问题，沪江网牵头成立了蚂蚁雄兵天使基金和互元基金，前者已融资3000万元，目标为5000万元规模；后者已融资1.5亿元，目标为3亿元规模。于杰还介绍，入驻的创业者可选择不付租金、转让5%股份的"零租金"孵化模式，或支付较低租金，场地问题也解决了。

在于杰心中，英雄也分层次，一流英雄敢于出来创业，二流英雄敢在内部创业，三流英雄执行力强。"我对员工的期望是争做一流英雄。英雄需要舞台，我们来提供。"于杰希望创业热情应该在沪江网内部开始，鼓励员工在应用软件、技术和运营服务领域提出创业方案。这项政策刚推出就有多个员工团队提交了方案，通过评审后，入驻蚂蚁创客空间，开始自己的创业生涯。

要知道，"蚂蚁计划"推出不到一个月时间，就有100多家创业团体争相进入，其中就有大家熟知的"疯狂英语"创始人李阳。李阳早期曾在教育界内异军突起，推广英语教育26年来，在全国1800多个县举办了1.3万多场演讲，如今他带着自己的项目入驻蚂蚁创客空间，开始新一轮的互联网教育创业。

"我们要寻找'心中有火，眼中有光'的年轻人，我们要寻找梦想合伙人，正如墙上所贴的，以创业者为本。"于杰说。

以"过来人"的身份为创客们服务

于杰如果仍在沪江网工作，他的生活不会发生太大变化。于杰认为，自己的身上存在一种创业DNA，促使他不断去创新。当初创办沪江网，就是抱着互联网改变教育的想法去做的，现今创办蚂蚁计划初心未变。于杰说："我们这群人之所以组建在一起，就是围绕着一个信念：唯有教育才能改变贫穷，唯有互联网才能使教育公平。"

于杰说，为了实现这个理想，团队扎扎实实做了两件事情。

第一是沪江——建立一个学习的平台。让每一个知识工作者可以通过平台分享知识，让每个学习者可以在平台上学习。"我们专注于做这件事情已经十多年了，目的就是为了修学习的公路。当初从 8 个人，8 万元，到现在全职员工 1500 名，兼职员工 2000 名，尽管我们的梦想是高速公路，但实际上我们目前还是三级公路，还在路上，还有 90% 的伙伴可以等着我们去合作。"

第二件事情就是"蚂蚁计划"——使天下想干教育的伙伴都能和我们发生链接，一个以教育行业创业者为本的平台。蚂蚁计划的核心就是"一群蚂蚁改变中国教育"。我们始终坚信千千万万小蚂蚁汇聚在一起用自己的力量改变中国教育。

怎么样才能调动千千万万的小蚂蚁，这就是蚂蚁计划一直在思考的问题。于杰介绍，创业初期创业者们通常都很孤单，但是有了蚂蚁空间，聚集创业者们，使他们不用再孤单，他们可以抱团取暖，互相学习，让创业者在一起，发生化学反应。

同时于杰还发起了蚂蚁基金，只专注于做"互联网 + 教育"的早期投资，因为他深知创业者的困难。"就像现在一大批投资人都找我们，问我们可不可以投一点儿？其实我内心是这样想的：8 年前他们在哪里？6 年前他们在哪里，唯有在早期投资创业者的才叫真爱，因为他为了你的梦想买了单。所以我们发起蚂蚁基金就是为了解决创业者早期的融资困难。现在我们有三种基金——种子基金、天使基金和 A 轮基金。我们只做早期投资，后期的让市场去做。"于杰说。

蚂蚁创客挑选创业者的标准是"一身正气、满腔热血"。那些原本与教育八竿子打不着的项目，进入蚂蚁创客之后，就与教育发生了"链接"，从而激发出新的创业机遇。而于杰对蚂蚁创业者的要求是，将自己喜欢的、擅长的一块做到极致。"所有的蚂蚁创业者们，都秉承一个'利他'的精神，通过服务好社会需求，获得自身的创业成功。"于杰说。

而对于创业者来说，选择内部创业或是背靠资源、服务都雄厚的平台，也是一种更轻便快捷的道路。让创业不再遥不可及——双创精神也因此有了更多元化的解读。

曾经出现在 2010 上海世博会宣传视频中的那位仙气飘飘的茶仙子鲍丽丽，精于茶道，并经营着高级的茶文化艺术中心。在原来的创业经历中，鲍丽丽还需要处理各种繁杂的公司事务，感觉距离内心做中国茶文化传播的梦想还有些距离。加入蚂蚁创客后，蚂蚁合伙人建议鲍丽丽进行二次创业起航，专注于她至爱的茶道，将"茶仙子"打造为一个茶文化教育、交流的品牌和平台。如今，鲍丽丽只专心品味各方茶叶并给予评价，致力于中国茶文化的传播，而茶叶销售、设计、包装等产业链环节都已经交给平台上其他公司来负责。

上海普象文化传播有限公司原本是一家以推介工业设计师产品为主的网络平台公司。在蚂蚁创客中，普象转型为工业设计师的培训中心，不仅面向普通公众推出工业设计产品，更面向企业推出工业设计师。看似"小而美"的普象工业设计小站，却已经汇聚了全球 150 万工业设计师的庞大资源。

于杰把近年来加入的创业者称为"新四军"——以大学生等 90 后年轻创业者、大企业高管及连续创业者、科技人员创业者、留学归国创业者。他认为，越来越多草根群体投身创业，创新创业已经成为一种价值导向、生活方式和时代气息。此时，就是考察孵化器的能力了。于杰说："真正的孵化器应该扮演非常重要的角色——一是在项目的筛选阶段，要挑切中市场热点和用户痛点的产品，而且具有可实施性，这一阶段要过滤到不靠谱的项目；二是在产品的设计、供应链等方面进行资源的全方位支持，要为创客团队带来价值。"

"创客之所以有活力，是他们投资的领域是中国未来最具成长性的科技和'互联网+'行业，创客是否能够成功，需要多方力量推动。"于杰表示，中国正在经历从债权融资向股权融资模式转变，这是一次质的转变。这将释放出巨大的资本能量，一个多层次具有活力的场外资本市场，是创客们的希望所在。

"这是最差的年代，实体经济面临转型升级，将淘汰大量传统教育体制下麻木的工作者。这也是最好的时代，新经济和互联经济给大家提供了充分的机会，上海需要一大批创业者，并迫切需要在创新环境、创业生态方面进行大改革。"于杰说，在这个转折的阶段，就需要有理想的投资人和有经验的创业者助力社会的发展变革。

解决创业"最后一公里"的难题

提到蚂蚁计划，于杰便开始滔滔不绝的介绍起蚂蚁计划的迭代。"1.0是蚂蚁创客空间，让更多的创新创业者有实现梦想的空间；2.0是蚂蚁创客小镇，与政府合作解决政策落地'最后一公里'问题；3.0是蚂蚁创新城市，推动更多城市的'双创'发展；如今进入4.0的国际化阶段。"于杰介绍蚂蚁计划的最新发展情况时还说，上海支持双创的专业服务，蚂蚁计划有复制推广的基础。

"'最后一公里'的问题在创业者中非常明显，比如政府扶持创业的政策，很多是要求创业者在入驻孵化器一年以后，才能申请各项优惠政策，这对于一个要创业的人来讲，了解各项政策、熟悉财务、管理人事等已经很辛苦了，他的精力有限，因此需要外界的帮助，这时我们的蚂蚁计划就能发挥作用，我们给青年创业者提供零成本创业的机会。"于杰说。

在蚂蚁计划与政府部门的合作项目中，最典型的是与浦东高桥镇合作的国际创客小镇。于杰介绍，这项合作开创了与政府合作的新模式。蚂蚁计划和高桥镇政府成立了一个混合所有制公司，由蚂蚁计划控股，通过市场运作，来解决政策落地的"最后一公里"问题。比如，符合双创导向的企业入驻小镇，蚂蚁计划可以当场承诺，给予10套人才公寓。

于杰说，之所以会有政策落地"最后一公里"问题，是因为各种支持双创的政策分散在不同政府部门，政府部门对企业的熟悉程度也有限，双创个人或团队希望享受政策得花费大量时间人力成本。但与政府合作后，政府将现有的各种政策资源"打包"交给企业，再由企业根据双创个人或团队的具体情况，兑现政策。这样做的好处是既能满足创业创新者的个性化需求，也能提高政策落地的效率，充分发挥出政策引导和鼓励作用。

有意思的是,蚂蚁计划与相关政府就双创合作模式的探索,正成为全国其他一些地区的参考模板。于杰说,现在很多政府机构来蚂蚁创客空间"取经"。大家都想知道在蚂蚁创客空间的发展过程中,政府与企业的关系究竟是怎样的。

于杰认为,创业创新者在发展过程中,会有一个寻找合伙人的过程。在"双创"实践中,以专业企业和机构为代表的市场资源,其实与政府也是合伙人关系:"两者具有同样的目标,那就是让创业创新者走得更远"。

快问快答

问：你的企业什么时候度过了生存期，进入了成长期或是发展期？

答：不到一年的时间。

问：生存期的创业者最应该思考什么问题？

答：找到痛点。

问：在生存期最应该做好哪项业务？

答：明确为什么创业，是为了赚钱还是解决问题

问：创业者应该具有怎样的心态？

答：极强的执行力。

问：有了相应基础，如用户、资源、客户等再创业是必需的吗？

答：是必需的。

问：什么情况下您觉得必须要创业了？

答：梦想还未实现时。

问：生存期内，每天最头疼的问题是什么？

答：如何扩大规模。

问：创业初期应该预设创业的结局吗？

答：有 IPO 的计划。

问：您认为什么对创业最重要？钱、人、技术？

答：人。把人的事情解决了，再做事。

我与双创：
和副总理一起启动双创周

2017全国双创活动周上海主会场的启动仪式上，中共中央政治局常委、国务院副总理张高丽与6名创业者代表并肩站在一起，其中就有沪江联合创始人、蚂蚁计划发起人于杰。

为响应韩正书记的号召，引领双创大时代，蚂蚁计划自2015年3月份启动以来，以"一群蚂蚁改变中国教育"的教育梦想为核心，致力于为有教育梦想、敢于创业的伙伴提供场地、资金、资源等一系列的创业扶持及帮助。

于杰觉得，自己之所以能站上全国双创活动周启动仪式的舞台，与蚂蚁计划的"可推广可复制"有很大关系。参与今年双创活动周主题展示的"蚂蚁计划"并不是一个具体的商业模式，也不是一系列产品，而是一整套解决方案，或者更准确地说，是一种创新理念："我的创业故事是从沪江网起步的。沪江网以互联网教育为主业。我们通过沪江网发现，教育不仅能赋予人们技能，而且可以集聚一群有理想的人，更能够推动一个行业的变化。"

"在语言学习等职业技能领域的互联网教育，让很多人有了更强的市场竞争力；在特定行业的互联网教育，不仅能集聚这个领域的人才，而且能通过创新成果改变这个行业的生产方式。"于杰举例说，从人群分，可以有儿童教育、成人教育；从行业分，可以有汽车教育、材料教育……每一种教育，意味着每一个细分领域的创新，需要一支庞大的"蚂蚁雄兵"。

于杰认为，蚂蚁计划一直伴随着双创周的发展，蚂蚁计划很好地诠释了双创精神。"开公司是创业，主动学习、工作本身也是创业，双创周就是要唤起每个人为自己梦想奋斗的精气神。"于杰说。

对于未来，于杰希望创业政策可以让创业者获得感增强，让以蚂蚁计划这样的双创服务能够真正帮到创业者，让蚂蚁计划成为双创领军企业。

高成长性企业：
老牌互联网企业需要新版图

沪江网已经是一个有着成熟业务模式的互联网教育企业，而新的"蚂蚁计划"则更像是沪江，这个老牌企业下全新的业务版图。

于杰将沪江比作是互联网教育的"淘宝"。"在这个平台上百花齐放、各种形式各种内容的教育都能找到。"但是平台本身无法顾及教育从业者的发展，帮助这些企业做大做强，则是蚂蚁基金的任务。不只是互联网上的教育机构，蚂蚁雄兵也帮助传统的线下培训机构插上了资本的翅膀，植入互联网基因。

于杰认为，未来的互联网教育将会向细分市场拓展，而沪江和蚂蚁雄兵要做的，就是营造互联网教育创业的生态，建立起一个开放的平台。"沪江和蚂蚁雄兵可以说是'天网'和'地网'。沪江是'天网'，做的是线上呈现；蚂蚁是'地网'，培育互联网教育企业落地，二者结合形成一个生态。"于杰希望，"所有和教育相关的伙伴可以一起合作，让一群蚂蚁改变教育。"

平衡教育资源、拓展教育形式是互联网教育的核心，最终通过互联网教育受益更多的，或许是之前饱受教育之困的山区孩子。蚂蚁计划正在做的，就是通过互联网为山区缓解师资配备的问题。蚂蚁计划还开通了蚂蚁电商学院，给那些上大学的孩子一个重新选择的机会，帮助近千名青年找到工作。

于杰用14年创办了"天网"——沪江网，用了3年编织"地网"——蚂蚁计划，只为了能团结一切力量实现教育公平的梦想。

第二章　优客工场

毛大庆：创业就是要想明白怎么"闭环"

8月初，双创周人物风采录采访组来到了优客工场。优客工场创始人毛大庆好像总是存在于新闻中，属于那种有着多年经验、经历无数风云事件的"商业大佬"。但当他坐在你面前，穿着灰色T恤衫，说话果断，语速有点快，但是总是很坚定。你又会耐下心来，探究他的创业历程，是否也会如普通人一般，有着多重波折和艰难？

优客工场创业3年多以来，已经成为我国共享办公行业的首个独角兽级别企业，在全球35个城市布局了160个场地，目前，优客工场已完成C+轮融资，估值逾110亿元。

自2015年起，优客工场每年都会参加全国大众创业万众创新活动周的各个活动。用毛大庆的话说，"我们是双创精神深入人心的受益者"。

> 创业者最重要的特质是感知时代的方向，这是最可贵的一种特质。不随波逐流，但也不会执拗地一条路走到黑，而是对于大趋势有着高敏感度。
> ——毛大庆

优客工场（北京）创业投资有限公司
2015年成立，2016、2017年参加双创周相关活动

"高龄创业者"号准时代脉搏

毛大庆拥有超过20年的地产行业经营经验。2015年初，他投身创业热潮，创办共享办公优客工场，在短短3年时间内，将优客工场打造成中国共享办公行业首个独角兽级别企业，在全球35座城市布局了160个场地。

2015年年初，毛大庆辞去万科集团高级副总裁的职位，创立了优客工场。

对于这个决定，很多人不理解。为什么要这么做？"我当时只是觉

得地产行业不能再这么干了，又想做点什么事。"毛大庆这样说。

彼时，李克强总理在2014年9月举行的夏季达沃斯论坛上首次提出，要借改革创新的"东风"，在960万平方公里土地上掀起"大众创业""草根创业"的浪潮，形成"万众创新""人人创新"的新态势。之后，"大众创业、万众创新"理念深入人心，并得到广大富有创新精神的创业者的积极响应和广泛实践。毛大庆正是以积极的实际行动响应了政府号召。

"我当时也在考虑，是抱着原来的轮子不放，还是转向新产业和新经济趋势。"毛大庆在哥伦比亚大学商业论坛上的演讲中，把中国当下的经济转型比作"在匀速和相对快速行进过程中完成换轮子的问题"。自1996年进入房地产行业开始，毛大庆先后就职于正大、凯德置地和万科，均是巨型房企，见证了那个时代房地产行业对经济的推动力，也渐渐产生对行业的怀疑和焦虑。这种焦虑最终让他把创业视作人生职业生涯的最后一次机会，奋力一搏，以换取对人生价值的重新探索。

毛大庆说，他有着20多年地产行业的经营经验，但并不代表他创立的企业就会一帆风顺。

毛大庆讲起他创办优客工场开始的一年。在阳光100董事长易小迪的邀请下，优客工场团队来到阳光100写字楼办公，办公室位于写字楼的负一层，毛大庆的办公桌在一个不起眼的角落。他跟属下说，如果有人看上了这间办公室，也可以租出去。然而在这之前，优客工场的前半年一直打游击，四处搬家。"创业最开始都是艰难的，有些困难是预料不到的，这就需要创业者自己去解决。"毛大庆说。

从一开始就考虑盈利

"创业者应该从一开始就考虑盈利问题。"毛大庆这样说，"又或者说，你也许一开始没有能力做到闭环，但是必须脑子里一直想着这件事，想着怎样完善，真正一点一点做到，最终商业的东西，必须要做到闭环。"毛大庆说着，在眼前画了一个大大的圆。

3年间，优客工场从一名新入局者迅速成长为众创空间（共享办公）的头部企业，进入了全国35个城市，布局了将近160个平台，平台集聚的企业达到一万多个。中商产业研究院发布的2018年上半年联合办公企业综合实力排行榜 TOP20 显示，优客工场稳居行业第一。

优客工场北京办公室

随着接触的创业者越来越多，毛大庆对创业的理解也越来越深刻，说话也越来越有导师风范。然而，最开始抛下千万年薪、决定自己干一番事业的毛大庆，也有和你我一样，"心里没底"的时候。

说起这事，至今还让毛大庆的好友徐小平记忆深刻。在一次创业分享会上，徐小平讲毛大庆最初融资 6000 万的时候去找他，希望用 60% 的股权来换这笔钱，这一想法让徐小平吓了一跳，站在好朋友的角度，劝毛大庆先释放 6% 的股份，融到 600 万，过半年，再用 10% 的股份去融这 6000 万。当然，毛大庆按照徐小平的思路在半年后用 10% 股份融到的就不只是当初的 6000 万。

在创办优客工场之前，毛大庆以万科集团高级副总裁的身份行走商界。他直言："我是做职业经理人的，特别不在意股份。这也就是徐小平为什么会拿我这个事做案例的原因，因为我们这些人虽然公司经验很丰富，但是不是就代表你就会做生意呢？不一定。会不会自己做生意呢？也不一定。"

也许初期毛大庆对钱没有什么概念，但随着创业的深入，毛大庆对数字也日益敏感起来。

2017 年优客工场租金收入现在占总体收入 75% 左右，其中工位收入大概占这 75% 的 65% 左右。优客工场除了几百个会议室的租金，以及各种活动场地的租金，其实还是一个场地的整合方跟出租方。此外 25% 来自于林林总总的各种服务，比如线上会员包、我们提供的法务服务、人力资源服务，还有像金融中介服务，这些其实每个月都有很多收入。

没有人的创业是容易的

毛大庆坦言："很多原来在做企业高管的时候可能没有太体会的一些困难或者问题在创办优客工场时全来了。"

"慢慢往下走是一定扎扎实实往前走，我现在不能去预估评判和要求，它最终一定要变成什么东西，但是每一步要走得稳当是肯定的，走得扎实是肯定的。另外探索是不停的，每走到一个阶段，会有新发现修正模式方法。"毛大庆说，开始努力都是一样的，想要成功的动力都是一样的，出来结果不可以说一定能达到，但是一定要往那方向去努力。

毛大庆一直将 WeWork 视为优客工场的榜样。这家总部位于美国的联合办公创业公司，根据公开报道，其在 2016 年的估值高达 160 亿美元，目前正在加速进军中国的步伐。

优客工场办公室

但与此同时，针对联合办公泡沫问题的质疑也从未消失。伴随着不少联合办公空间的倒下，过于依赖政府补贴、盈利模式单一、创业热潮退烧等质疑，时有发生。这让优客工场的处境看起来也没有那么乐观。为了培养这只"独角兽"的生存本领，毛大庆没少花心思。

2015 年七八月份，优客工场开启 A 轮融资。资本市场此时也因股灾出现剧烈动荡。毛大庆和 CFO 刘岩在一个月时间里见了 30 家私募机构，平均每天开六七个会。实际上在 A 轮投资确定之前，毛大庆不仅没有产品可以展示，他和同事们甚至还没有想清楚到底要怎么做，"优客工场到底是一家什么公司？"

首席战略资源官刘英对这段经历记忆颇深。A 轮尽调开始时，恰好毛大庆带着大部队在美国考察学习，只有几个合伙人在公司。对于要不要只出租桌子赚差价、要不要从进驻的服务商收入中切出一部分等重要问题，团队之间争执不下。"在 7 天 7 夜里，我们就不停地开电话会议讨论。大量的写东西发邮件，每一个人每一个部门都在发表自己的意见。"刘英说。7 天之后，团队就盈利模式达成一致，不只是出租办公桌，桌子只是入口，要通过基础增值服务、会员体系等获得利润。

2015 年 9 月 16 日，优客工场宣布获得 2 亿元 A 轮融资，歌斐资产、汉富控股领投 1 亿元，真格基金、红杉资本、中城承扶等进行跟投。优客工场估值上升至 20 亿元。2016 年 6 月，优客工场的 Pre-B 轮融资进行了重要革新，允许银泰置地以资产折现入股。通过这种方式，地产商找到了运营方，又不用付出多少现金就可以战略入股，而优客工场则获得了想要的场地资源。"不需要花钱房子就给我们了，它也变成了我们资产的一个很有利的补充，在我们的估值上也能体现出非常好的价值。"毛大庆说。而在这次入股后，优客工场的估值上升到 45 亿。

年轻人更愿为梦想奋斗

毛大庆十分关注 90 后、00 后新生代群体。他认为，90 后的世界我们必须得懂，因为他们代表着商业世界的未来，比如他们喜欢那种有自我个性的感觉，他们首先关注商品的品质，而不是性价比，这些都会影响未来的商业走向。"现在来看，更多的创业者的灵感尤其是在消费领域，都要瞄向 90 后、00 后，谁研究透了新生代，谁可能就是抓住了新的风口。"毛大庆说。

在毛大庆看来，90 后真的不能小看，"人多""势众"是他们的优势，"年轻""貌美"是这个群体的资本。比如 90 后选择商品的时候更加关注产品的性能，这也是这两年工匠精神逐步升温的原因，有人购买就会催生创业者瞄准小众市场；他们选择商品也更加注重背后的故事，有故事就能够打动他们，他们更愿意对消费进行重新格式化。

毛大庆将自己对"90后""00后"就业观变化的判断、对当下办公文化变革的认识以及对中国经济转型中社会分工变化的理解都体现在优客工场中。

在联合办公领域，中国本身的自由职业者不如海外基数大，但中小微企业却在快速增长。"整个中国一天就产生1.6万家公司。未来企业小型化、专业化、碎片化、垂直化，必然会发生。社会分工越来越细，大而全公司越来越少。"毛大庆认为，"90后、00后的就业观正在发生根本变化，雇佣关系逐渐被彻底给打破，慢慢变成合伙人关系。将来的年轻人到一个大机构大企业去打工的观念越来越弱，就业慢慢变成要在生存之上实现兴趣。所以，当兴趣变成就业的根本观念的时候，那创业是自然而然。"

优客工场办公室

作为服务创新者的企业创始人，毛大庆近几年感受到的最大变化就是，身边越来越多的年轻人开始想创业、谈创业、敢创业。"这与我青年时代的经历与体会大为不同，那个时候，我身边的同学、朋友在毕业的时候多数讨论的是，如何进入机关、大单位，端上一个管上一辈子的'铁饭碗'。"

毛大庆认为，如今年轻人观念的变化，得益于政府倡导的"大众创业、万众创新"。"观念的改变，不是一件容易的事情，这种切切实实的改变，必然是源自于实实在在的政策扶持、激励引导和辅导培育。"

创业者最重要的是感知时代方向

"我们仅仅用了3年多的时间，就改造了办公的场景，打通了商业的隔膜，赋予创新力更多的时代势能。"毛大庆说。回想几年前，办公室就是办公室，有门、有隔栅，上班打卡，下班回家，很少有人能把共享与办公联系到一起。如今，伴随着双创热潮，优客工场等众创空间（共享办公）的出现，打开了公司间的隔栅，将一张张办公桌串联，彻底改变了传统办公场景，无数的创新创业者入驻众创空间，迸发出创新的火花。

如今，入驻在优客工场的企业，有世界500强企业，也有迅速崛起的独角兽企业，还有掌握了世界前沿技术的创新企业。他们已经把优客工场当成自己创新的主场，而优客工场也为他们打造了助跑腾飞的最好平台。这是让他感到最骄傲的事情。无疑，优客工场的创建是成功的。但创业是九死一生的冒险，途中的焦虑、抉择、担当，只有创业者自己心里明白。

在毛大庆看来，创业者最重要的特质是感知时代的方向，这是最可贵的一种特质，不随波逐流，但也不会执拗地一条路走到黑，而是对于大趋势有着高敏感度。优客工场正是把握住了时代的脉搏，做到了顺势而为。

毛大庆认为，优客工场能够高速成长，首先得益于政府的双创政策。"在政策的激励下，越来越多的人愿意投身到创业大潮中，并通过不断地尝试去创新，而共享办公的天然属性中的灵活、高效、平台基因，又为创新者提供了更多的可能性。优客工场的创立与双创大潮的趋势高度一致，我们是顺势而为。"

作为服务创业者的创业者，毛大庆是最了解创业需求的人，他对双创服务有着独特的见解。

"优客工场的入驻企业，虽然大部分成立仅有两年多的时间，但其进化、迭代甚至淘汰都是十分迅速的。现在我在优客工场中能够看到的，更多的是那些拥有新技术、新商业模式甚至新市场的创业项目，他们正在从一个一个项目，向一个一个独角兽成长、转变。"毛大庆说，"正因如此，我强烈地感受到，在共享办公空间的角色转变为一个生态的搭建者和维护者的当下，下一步更需要我们做的是，成为强化创新成果向市场转化的助推者甚至是孵化者。"

"我和所有的创业者一样，都在做满足市场需求的事"

众创空间的发展离不开中小企业的迅速增长。随着双创的深入与发展，创业项目在不断发展，不断优胜劣汰。创业者对于众创空间的需求，已经不再是原来的样子。他们不仅需要简单的服务，还希望他们所处的环境变成一套生态体系，企业与企业之间能够交互发展，彼此的观念、理念能够相互碰撞。

毛大庆很早就发现和认识到了这一点。他在《凿开公司间的隔栅》一书中总结了共享经济的九字要诀——生态、社群、分享、大数据，并将生态放在了首位。"生态"也是优客工场的终极目标。

| 快问快答 |

问：你的企业什么时候度过了生存期，进入了成长期或是发展期？

答：优客工场已经度过了生存期。

问：生存期的创业者最应该思考什么问题？

答：最应该思考怎么能够盈利。

问：在生存期最应该做好哪项业务？

答：做好最主要的任务。

问：创业者应该具有怎样的心态？

答：积极、谨慎。

问：有了相应基础，如用户、资源、客户等再创业是必需的吗？

答：这要看创始人自身的性格。

问：什么情况下您觉得必须要创业了？

答：内心有这种冲动或是激情时。

问：生存期内，每天最头疼的问题是什么？

答：企业如何发展下去。

问：创业初期应该预设创业的结局吗？

答：应该，至少要确定是否上市这样的目标。

问：您认为什么对创业最重要？钱、人、技术？

答：缺一不可，或是其中一项特别强。

我与双创：
优客工场和双创周的不解之缘

毛大庆从 2015 年起就参加了全国大众创业万众创新活动周。他认为，正是李克强总理提出的"大众创业，万众创新"给了他离职万科的动力。

从第一年小规模参展，到后面两年家喻户晓，双创周就像是一部电影的剪辑，侧面记录了优客工场呈几何级数的发展。毛大庆认为，没有双创周，他们无法与那么多创业者建立关系，或是聆听他们创业需求。

2017 年全国大众创业万众创新活动周启动仪式在上海长阳创谷正式启动。优客工场创始人毛大庆参与了启动仪式及"创新创业 7 日谈"活动，毛大庆在活动上认为，联合办公是一个生产关系再造平台，不是简单的办公产品。

他强调，通过搭建紧密式分享型的企业关系，形成企业能力聚集，赋予各种集中的社会化服务，相当于诺基亚从功能机变成智能手机的过程，可以加载各种功能和服务，这是联合办公一个重大的转变。从工作关系进一步衍生到生产关系，对生产要素的重新组织，这是社会化合作深度的革命。

谈及人工智能与联合办公的结合点时，毛大庆觉得更多的可能在于企业服务和办公效率的提升。未来企业入驻一个平台，可以很快检索到促进企业发展的其他要素，并实现迅速整合，这些可以由人工智能帮助实现。

毛大庆认为，目前我国的创业环境和商业环境，对于创业者还是提供了很多机会和可能。这需要创业者自己去发掘。虽然不是每个人都适合创业，但是如果在自己岗位上进行创新，也同样值得鼓励。因此，抛开创业，如果全社会都能学习或了解创新精神，对于双创周的举办也是具有重大的意义。

对于今后鼓励双创的政策，毛大庆认为，政府可以加大给予创业企业减税的补贴。让更多的创业者减轻负担，在创业的时候少些顾虑，负责好创新创业的任务。

高成长性企业：
我有一颗"全球化"的野心

　　作为众创空间（共享办公）的头部企业，优客工场对于行业的发展方向有着敏锐的感知能力。

　　目前，众创空间（共享办公）行业内存在并购趋势。如，裸心社被 wework 并购，People Squared 以 3 亿元的价格全资收购 Workingdom，而优客工场也已经完成了多次并购，先后与洪泰创新空间、无界空间、wedo 联合创业社等完成合体。

　　在毛大庆看来，行业合并与洗牌是发展的必然阶段，就像网约车、外卖、共享单车行业一样，行业发展到了一个新阶段，整合是生命力持续的必然需要。

　　在毛大庆看来，挑战永远来自于自己，来自于公司内部。他表示："优客工场从创立至今，不存在纠偏的问题，因为我们一直在不停地自我迭代，迭代这个动作本身就是去掉不好的，升级成更好的。我们对于空间的利用、设计布局一直都在不断地改进，对于我们的 App 也在一直寻求更好的用户体验。"

　　目前，共享办公目前仍处于积累用户阶段，以优惠的价格和灵活、舒适的办公环境吸引用户入驻。对此，毛大庆表示，租金并不能为平台带来大规模的盈利，在用户规模与品牌价值的基础之上建构的增值服务才是共享办公行业后续盈利的关键点所在。市场上存在一批依靠政策补贴得以留存的从业企业，在后期政策"断奶"后，未建立合理经营模式的从业企业将大批退出市场或面临并购整合。

　　面对未来，优客工场还有一颗全球化战略的"野心"。毛大庆表示，优客工场全球化战略的一个最重要的目的，就是为中国创新者赋能。

　　毛大庆介绍说，优客工场从创立之初，就致力于为广大中国创新创业者服务，助推中国经济转型升级。在这个过程中，来自海外的创新力量是不容忽视的。这其中既有出国留学准备归国创业的莘莘学子，也有怀着赤子之心的旅居海外的华人华侨，当然，更包括那些看好中国未来的海外创业者。"我们希望，通过我们在海外的项目，向他们展示最新的中国，把他们的项目与资本引进到国内。同时，也借助这个窗口，为国内那些有意出海发展的企业提供枢纽与渠道。"

第三章　柔宇科技

刘自鸿：创业的秘诀就是死磕到底

如果说我们有什么秘诀，那就是死磕到底。　　——刘自鸿

深圳柔宇科技有限公司
2012年成立，2015、2016年参加双创周相关活动

8月，笔者通过国际连线采访到了在国外出差的柔宇科技创始人兼CEO刘自鸿。2015年，刘自鸿和其他代表一起，在全国大众创业万众创新活动周上共同启动了开幕式。此后2016年，柔宇科技再次亮相双创周。

说起刘自鸿，不得不提到他令人艳羡的人生"成绩单"：1983年出生，17岁进入清华大学电子工程系，26岁获斯坦福大学电子工程博士学位，在纽约IBM纽约全球研发中心工作三年后，2012年在硅谷、深圳、香港同步创立柔宇。柔宇创立五年估值达50亿美元，是目前全球成长最快独角兽科技公司之一。

然而，在这6年中刘自鸿的创业都经历了哪些波折和困难？他的企业何时度过了生存期？作为一枚技术大牛，到底该怎样学习其他管理技能以成为一名合格的创始人？且听刘自鸿娓娓道来。

在"无人区"做出点事情

刘自鸿在2009年从斯坦福博士毕业后，曾考虑过在柔性显示领域立刻创业，但2009年美国正深陷国际金融危机中，寻找创业投资更是难上加难。正好当时他拿到了IBM著名的沃森研究中心的工作邀请，便去了IBM纽约全球研发中心工作。那段经历让他学习到了跨国大公司的许多优秀理念，格局和视野也得到进一步提升。他坦言这些对后来的创业都非常有帮助。同时，斯坦福导师的话也一直记在刘自鸿心里：新的产品要产生大的社会价值，应该让它尽量实现工业化和产业化。

到了 2012 年，创业时机相对成熟，刘自鸿拉着两个"清华 + 斯坦福"的校友一起创业。柔宇成立的时候第一天上班只有 5 个人，当年很幸运获得了第一笔风险投资，后来随着公司的不断发展又陆续获得多家国内外知名风险投资机构的资金支持。

在柔宇创业时，柔性显示还是一个崭新的领域，学术界和工业界对这个方向的研究和关注都很少，很多层面的问题都还没有解决，比如材料、工艺、器件、电路设计等问题。当时有传统显示领域的专家认为要三五十年才能实现柔性显示的产业化，但依据对科学规律的理解，刘自鸿和他的团队相信柔性显示和柔性电子会是大势所趋，站在五年、十年之后去看这个决定也有很大可能是对的，所以整个团队有信心在这个"无人区"做出点儿事情来。

秘诀就是死磕到底

"柔宇发展得特别快，是此前有什么特别的积累吗？"

"如果说我们有什么秘诀，那就是死磕到底。"刘自鸿说。经过无数次的实验、失败、再实验，2014 年，柔宇在全球第一个发布了国际业界最薄、厚度仅 0.01 毫米的柔性显示屏以及柔性传感器，其卷曲半径只有 1 毫米，梦想变成了现实。这不仅消除了传统显示行业对于柔性显示技术成熟和市场发展前景的顾虑，也引领了国际柔性显示和柔性电子的新产业潮流，推动了柔性电子产业的发展。

此时，柔宇科技几乎可以说是完成了 0 到 1 的创业阶段，但是柔宇团队认为还是有些过早，虽然技术在手里，但是他发现很难找到工厂来生产。这时摆在刘自鸿面前两个选择：一是把技术卖出去，拿着钱去做别的事；另一个选择是自己建工厂，实现柔性屏的量产。第二条路明显要比第一条艰难很多，但柔宇还是选择了第二条。

"没错，最开始我们是考虑做一个偏技术型的公司，可技术出来了，生产线、设备、产品一系列的问题，找不到很合适的解决办法，所以我们决定自己干。"刘自鸿说，企业发展的每一步都经过慎重的考虑，为了能把技术做到更好，情愿做出更难的选择，迎接更大的挑战。

2015年，柔宇在深圳的首条超薄柔性模组及柔性触控量产线启动运作。同年，柔宇在深圳筹建全球首条具有自主知识产权的类六代全柔性显示屏大规模量产线。2018年6月，这条总投资超过100亿元的产线已经正式点亮投产，在全球率先量产全柔性显示屏。

刘自鸿表示，柔宇一直专注于从0到1、从1到N的创新，期望早日实现柔性显示屏的大规模产业化，为社会提供具有核心价值的产品。"海量的市场运用，才能充分发挥柔性显示技术优势。"

不过，他也发现很多人都关心从0到1、从1到N的N有多大，但往往忘记从0到1的重要性。如果没有自主创新，一个企业看起来规模很大，但就像一个纸做的风筝，看起来飞得很高，但下点儿雨很容易就趴下，所以必须坚定硬科技的底层自主创新，实现长远价值。

"从0到1这一段通常会成为非常具有决定性的一段。当然也有很多不理解，有时候还没有到达足够大的N的时候，很多人就有质疑。"刘自鸿回忆，"只有0到1也不够，很多时候就会被误解为只是一个概念。我们团队一直在努力，把0到1变成足够大的N。"

随着柔宇六年来不断推出各种B2B和B2C柔性产品和技术，国内外电子企业和传统显示厂商对柔性显示态度也发生了质的变化，从漠不关心、怀疑技术和市场成熟度，到高度重视、大力投入，如今柔性显示和柔性电子在国际上已是大势所趋，成为未来最具有代表性的信息产业发展方向之一。

2018年，柔宇科技全球首条类六代全柔性显示屏大规模量产线在深圳成功投产。与照搬日韩曲面显示技术路线的传统面板厂商动辄投入几百亿元的代工产线相比，柔宇完全自主研发的全柔性显示屏量产线良率更高，投资成本更低，产品的柔性和显示性能更加优越，是真正从0到1、从1到N的自主科技创新的最好证明。

再牛的技术也要让投资人听懂

刘自鸿认为清华大学的"行胜于言"的校风对他影响很大。创业6年，回想起来，清华不仅给了刘自鸿一个很好的平台，得以扎实地学习专业知识，向很多优秀的老师学习、与优秀的同学们交流，更让他在愿意通过实践实现自己的想法。

当刘自鸿下定决心开始死磕柔性显示屏时，他回到了深圳。刚开始，为省钱，刘自鸿只能在深圳留学生创业园租下一间小办公室，而且第一年每月工资只有3666块，"是一个很吉利的数字"。

那几年，刘自鸿每天5点多起床，6点多到公司，几乎每天的工作时间都超过16个小时，往返中美的里程程超过100万公里。他每次都选择经济舱搭乘飞机，认为旅途中独处的时间有助于思考。

不过，工资和差旅可以节省，但是项目融资动辄过亿，是怎么也省不下来的，因此必然需要寻找投资。关于徐小平错失柔宇的故事也不断被人提起。2012年10月，在斯坦福附近的一家餐厅里，刘自鸿偶遇真格基金的徐小平，并与他另约时间见面。那时候，徐小平会已经在中国的天使圈如日中天。

徐小平一看刘自鸿"清华 + 斯坦福"的简历，而且器宇轩昂，立马有了好感，尤其一听是刘自鸿想做世界上最薄的柔性显示器，立马热血沸腾起来，"投！"不过，等刘自鸿介绍完A轮融资需要3000万美金后，徐小平愣住了，"A轮的项目居然这么贵！""我还是天使投资人吗？"徐小平对A轮的投资资金开始怀疑人生。当然刘自鸿回忆，这里面或许也有自己的原因，由于担心投资人未必关心详细的技术细节，就有很多内容对徐小平省略了。

然而这些省略的内容，就成了徐小平出道7年多来最大的遗憾，"每次看到柔宇科技的好消息都心如刀绞，作为天使出资人的骄傲，被碾压得粉碎"，"3个世界顶级的科学家，中国最优秀的人才，别说3000万美元，就是3亿美金也应该投啊"。从此，徐小平定下一个原则，"斯坦福的博士学生创业，只要面相过关，宁可错投一千也不放过一个"。

柔宇创始团队

刘自鸿在融资方面最初遇到的问题，对于很多创始人都具有启发性。作为一位技术大牛，怎么能让精通计算的投资人愿意伸手出资，确实是一门学问。当然，刘自鸿寻觅天使投资人也没有那么顺利。

柔宇创业时，柔性显示还是一个崭新的领域，学术界和工业界对这个方向的研究和关注都很少，很多层面的问题都还没有解决，比如材料、工艺、器件、电路设计等问题。当时，甚至有传统显示领域的专家认为要三五十年才能实现柔性显示的产业化。不过，一些有远见的投资机构依然选择了信任柔宇，与柔宇一起成长。

创业初期，柔宇团队的精力全部都放在如何把技术做扎实，对于很多形式上的东西并不在乎。刘自鸿说："给我一个地铺我就能睡觉，给我一个桌子我就能写字，管它是什么材料、是新是旧，真正核心的东西只有一个，那就是技术。"

柔宇的第一个办公室只有36平方米，第二个办公室也不到100平方米。为了把资金用在刀刃上，团队跑到一些偏僻的小镇亲自去挑选每一块木板，很多地方用的都是淘来的二手办公家具，唯一的集体娱乐是打乒乓球。有时遇上研发瓶颈，大家经常整宿不睡，实验室地铺成群，但大家乐在其中。

经过无数次的实验、失败、再实验，2014年，柔宇在全球第一个发布了国际业界最薄、厚度仅0.01毫米的柔性显示屏以及柔性传感器，其卷曲半径只有1毫米，被很多媒体评价为"科幻变科技"，业界更是沸腾了。这不仅消除了传统显示行业对于柔性显示技术成熟和市场发展前景的顾虑，也引领了国际柔性显示和柔性电子的新产业潮流，推动了柔性电子产业的发展。

论做好"团队家人"工作的重要性

6年来，柔宇已经从早期的三名海归博士发展为15个国家2000多人的国际化团队。如何吸引全球人才为共同的柔性电子事业凝聚在一起？这其中也有不少故事。

创业早期，刘自鸿的一位"清华+斯坦福"一位校友在纽约一家巨头公司做高薪工程师。刘自鸿用十分钟PPT跟他讲"柔性显示"构想，这位同学很感兴趣，但还得征求家人意见。过了一周，校友说是太太同意了，但是岳父岳母未允。次日，刘自鸿登门拜访，去给岳父岳母做了一场"路演"。

在校友家的客厅里，刘自鸿像跟答辩一样，演讲了一个小时。讲完之后已是纽约冬夜凌晨时分，校友的岳母给刘自鸿弄了一碗饺子吃。过了几天，这位校友辞掉工作加入了柔宇团队。

柔宇科技的成功，离不开创业团队的努力。

"人才是柔宇的最大资产"是柔宇团队的共识。创办6年多来，柔宇的智能手写本柔记、3D移动影院Royole Moon、可卷曲穿戴手机FlexPhone、柔性汽车中控、柔性键盘、柔性智能皮肤、柔性电子智能台灯、柔性电子智能开关等产品都是在柔宇员工的"头脑风暴"中诞生的。

认真，总能找到解决的办法

创业早期，刘自鸿和同事们成天泡在实验室里，公司估值超200亿、团队人数超1000人之后，他也保证自己50%以上的时间用于科研和产品开发。他说："我本质上还是个从实验室走出来的工程师，谈起技术来就容易'打鸡血'，没有什么原因，就是喜欢。"

随着创业的积累，刘自鸿深知科研对于一个企业的重要性。创业6年多来，他在管理等方面付出的时间越来越多，努力让新技术、新产品产生最大的市场价值。

刘自鸿认为，创业不是一件容易的事情，创业道路上充满艰难险阻。

"有的人会认为搞技术的人做不好管理，如今管理着2000多人的公司，你觉得自己是全能型吗？"

"不断学习。随着企业发展，管理者必须要提升管理等方方面面的水平，我也在不断努力学习，尽量做得更好。"刘自鸿说。只有坚持做对社会对产业有价值的事情，同时坚持做自己喜欢做的事情，而且是自己擅长做的事情，创业者才能克服种种困难，扛住各种磨砺和挑战。永远不要害怕问题，因为解决问题是创造价值的根本方式。

谈到创业体会时，刘自鸿概括了三点：首先是勤于思考，勇于创新。创新不是凭空想象，而是在于平时积累，在于对生活观察和感悟，"不要放弃任何一个闪现的想法，因为很可能这个想法永远都不会再出现了。"第二，要学会合作，充分利用资源。一个人的力量是有限的，需要懂得合作，只有合作才能拥有源源不断的智慧，才会使研究持续深入。第三，要学会倾听，让更多的人提出意见，汇聚集体的智慧。

快问快答

问：您做出创业的选择，是性格使然，必定的吗？

答：创业是我们的梦想，最重要的并非创业这个形式，而是我们柔性显示、柔性电子是重要趋势，一定会大有作为，会为社会提供更多具有核心价值的产品，让人们更好地感知世界。

问：您从小是一路学霸读过来，是不是感觉没有什么能难倒自己的事情？这样的经历是否也给了您创业的信心？

答：过去的事情让我相信，凡事只要认真，总能找到解决办法。

问：您认为企业在创业初期最重要的是什么？

答：最重要的是聚集合适的人才，快速获得技术突破。

问：您认为企业在创立之初，创始人最重要的能力或者说素质是什么？

答：创新的思维方式不可缺少，学习能力也非常关键，一个创业者不仅要有技术优势，需要在管理等各个方面的综合能力，必须快速成长。

问：除了技术、融资、产品化、市场、寻找团队这些能力对创始人也很重要。您觉得您是个全能型人才吗？

答：我们团队有很多非常优秀的同事，而且共同努力。我们都是在随着企业的快速成长，不断学习新知识和能力，持续提升自己。

问：您认为柔宇是什么时候度过了生存期，进入发展期？您认为应该怎样定义企业的生存期和发展期？

答：我认为生存期对于每个企业都时时刻刻地存在着，即使像华为那样体量的公司，也一直都在传递一种对于生存的紧迫感。如果换个角度，我会认为柔宇在2014年初步完成了从0到1的过程，在2015年实现量产则意味着1到N的过程不断推进。

问：企业的发展路径，比如做到什么规模、做到行业第几、上市或是被收购等，应该是在创立之初就有清晰的规划吗？您是怎么考虑的？

答：一个企业的发展路径很难在创立之初就规划清晰，但我们一直专注于柔性电子技术，希望通过我们的技术、产品让人们更好地感知世界。这个过程中变化也不少，但每一次选择，我们都经过慎重考虑。我们团队一直要求自己做正确的选择，即使这个选择更加困难。

问：和传统的实力强大的电子企业相比，柔宇怎样实现快速赶超？优势在哪里？

答：我们专注于柔性电子技术，起步早，可能动作也比较快。

问：企业应该何时开始重点考虑盈利问题？柔宇从何时开始考虑盈利问题？

答：我们是一个投入大、产业链长的行业。我认为，只要是对社会有价值的技术，能够为社会提供有核心价值的产品，其他都是自然而然的事情。

问：感觉柔宇的发展速度非常快。这是因为此前已经有相关的大量积累，还是有什么特别的高招？

答：如果非要说有什么秘诀的话，那就是死磕到底。

我与双创：
双创周提升了我们的影响力

柔宇与全国大众创业万众创新活动周活动结缘于 2015 年 10 月。当时，首届全国双创活动在北京举办，我们非常荣幸与海尔集团董事局主席兼 CEO 张瑞敏、IDG 资本创始合伙人熊晓鸽和另外两位创业者一起启动了双创周开幕式，当时李克强总理就坐在台下。

之后，李克强总理在深圳展区参观了柔宇的超薄柔性显示项目展示。了解到公司由我们几个"海归"博士创立，总理说，只要是人才，只要有志于创新，无论什么肤色、什么国籍的人，通向中国的大门永远是一条绿色通道，要汇聚世界智慧为我所用。

在听取我们超薄柔性显示项目介绍后，李克强总理指出，双创需要全方位对外开放，不能闭门造车，要登高望远、放开胸怀，面向全球引进各种要素资源尤其是人才资源，发展颠覆性技术，与世界科技革命和产业变革深度融合，与各国创新彼此对接，实现合作共赢。

过去几年来，柔宇一直强调人才是公司最重要的资产，目前已经吸引了来自 15 个国家和地区的 2000 多名各种人才。

我们赶上了创新创业的好时代，让我们对于柔性显示、柔性显示的梦想逐步成为现实。总理对于我们创业的肯定，也让我们后来更加坚定地自己建设全球首条类六代全柔性屏量产线。我们一直坚信柔性显示、柔性电子是信息技术的重要发展趋势，总理的肯定给了我们信心。

回顾柔宇的创业历程，我们最常想到的词是"天时""地利""人和"。"天时"是得益于我国改革开放以来多年的积累，我们在留学归国后能够聚集海内外优秀的人才，将创业初期的梦想变为扎扎实实的技术和产品。"人和"的话就离不开我们的团队，还有在柔宇发展中给予我们帮助的机构和个人。"地利"与"人和"都是在创业这个"天时"的基础上形成的，所以我们从内心非常感谢双创周。

不仅如此，全国双创周吸引了众多媒体报道，也让公众对柔宇和柔宇专注的柔性电子技术及相关产品增进了了解，让我们的"柔性+"产品被更多企业和消费者知道、接受、喜爱，也让我们团队的创新工作更有动力。

高成长性企业：
柔性显示无处不在

2018年6月6日，总投资约110亿元的柔宇科技全球首条类六代全柔性显示屏大规模量产线成功点亮投产。

基于高对比度、色彩表现力强、响应速度超快、超轻薄、耐低温、超低功耗等多重独特的技术优势，AMOLED已成为显示技术的主流发展方向，其中柔性AMOLED分为平面型、固定曲面柔性、全柔性。

与国内外企业以往投产的产线主要生产平面型、固定曲面柔性AMOLED不同，柔宇科技全球首条类六代全柔性显示屏大规模量产线生产的全柔性显示屏，在用户手中也可以实现弯曲、折叠、卷曲，且卷曲半径小，可广泛应用于智能穿戴、手机、平板电脑等产品以及智能交通、运动时尚、建筑装饰、机器人、办公教育等各行各业。

第四章　英特尔创新加速器

李洪刚：英特尔创新加速器——创客们的群英会

"创客大爆炸"北京办公室，门口的一棵圣诞树十分引人注意：彩色纸卷组成的树叶和带轮子的底座，具有伸缩功能的树干和树枝，树叶的表面还装有 LED 灯带……

"创客大爆炸"联合创始人李洪刚告诉双创周人物风采录采访组，这棵会动的机械圣诞树，是圣诞节时办公室里的创客们准备的圣诞惊喜。"我后来告诉他们，这不仅是送给大家的惊喜，还是一件可以众筹的东西，在圣诞节之前可以众筹一千棵！"李洪刚说。

> 创客运动激发了普通大众的创造潜能，我们现在做的就是要帮助有想法的人来实现他的创意，没有想法的人通过创新课程产生想法。
>
> ——李洪刚

英特尔创新加速器
2015 年成立，2015 年参与双创周相关活动

2015 年，作为为数不多的跨国企业，英特尔中国参加了全国大众创业万众创新活动周的主会场活动，向全国观众介绍他们的创客空间加速器。

在"创客大爆炸"的实验室，采访组见到了很多让人脑洞大开的智能硬件产品，最初它们只是创客们随意摆弄的"玩意儿"，但在"创客大爆炸"，这些产品被用心打磨，在不久的将来或许就会出现在你我的生活之中。

让没想法的有想法，让有想法的能实现

"创客大爆炸"是英特尔中国为响应"大众创业、万众创新"这一

社会发展趋势成立的创客创新服务机构。它帮助合作伙伴一同建立发展众创空间，提供先进的开源硬件工具，支持创客创新项目的加速和众筹，实现创新项目与产业界的对接。

随着"大众创业、万众创新"的口号深入人心，创客的概念也逐渐被大众所了解。不过，在普通人眼中，成为一名创客似乎还是一件遥不可及的事情。作为"创客大爆炸"的两位创始人，李大维和李洪刚都力图降低创新的门槛，让更多的人加入到创客的队伍中，实现真正的万众创新。

"创客运动激发了普通大众的创造潜能，我们现在做的就是要帮助有想法的人来实现他的创意，没有想法的人通过创新课程产生想法。"李洪刚说，"'创客大爆炸'为其提供从创新工具、创新课程再到项目加速和众筹的一系列服务。整个创造的过程将更多的围绕产品项目的塑造和以众筹为开端的市场化来进行。创新团队是通过迭代和实践来不断完善自身的。"

别急于见投资人，先让大众为你投票

在李洪刚看来，"创客大爆炸"是一个十分宽松的创新空间。"这里不需要创客一定将想法或是作品拿来创业，而是可以作为项目来完成。很多创客都有自己的本职工作，放弃职业进行创业是十分艰难的，同时还要承担创业失败的风险，而我们会根据他们的需求进行众筹指导。"李洪刚说，"创客大爆炸"会帮助创客的产品找到潜在的市场和加速产品的市场转化。

李洪刚介绍，"创客大爆炸"将更多的关注点集中在创客的创意想法和这些创意商业化前景的验证上，整合多种资源和技术来帮助创客们实现他们的创意设计和创意原型，从而为众筹做好准备。

"我们不急于让创客们见投资人或是写商业计划书，我们愿意帮他们不断地完善产品的创意和设计，在互动中激发更多好的点子。当他们认为自己的产品足够成熟的时候，我们会为其发起众筹，让大众来为他们投票。"李洪刚说。

目前，在"创客大爆炸"参加众筹的产品会放到 Indiegogo 或其他预售众筹网站参与众筹。这样的众筹网站会为创客提供一个网页，以视频、图片、文字等形式介绍产品和它的故事，在网页上还会有为产品设定的价格，众筹的目标和限定的时间内预约。

众筹就像一个虚拟的投资人，由它向市场伸出触角，为创客们试探产品的接受度。"预售众筹不仅仅是卖东西，它的好处在于不仅帮创客在初期筹到资金，做出产品。更重要的是检验产品是否被小众市场所认可，收集用户需求，并找到潜在的更大的市场，因此'创客大爆炸'才会通过众筹这种模式帮助创新项目。"李洪刚说。

"创客大爆炸"为了可以激发更多的创客参与众筹，专门设计了创新冲刺工作坊，创客们在工作坊中用3到4周的时间进行产品创造和设计，用8周的时间为产品进行众筹准备。李洪刚认为，创新也可以是短跑，"创客大爆炸"要在短时间内帮助创客有效地整合多方的资源，实现创新。

创新工具箱里总有你得心应手的工具

如此与众不同的众创空间与它的另一位创始人密不可分。作为"创客大爆炸"的另一位创始人，李大维在2010年创建了中国首个创客空间——新车间，开启了推广中国创客运动之路。李大维介绍，成立新车间完全是因为"好玩"，结果吸引到许多爱玩的创客。之后，李大维与英特尔合作创办了"创客大爆炸"，将注意力集中在智能硬件的生态发展。

在"创客大爆炸"，采访组见到了各式各样神奇的作品，如带有2000个LED灯珠的智能服装、咖啡牛、小萝卜机器人、蜘蛛机器人，等等。李洪刚说，这些作品的诞生都离不开开源智能硬件的普及。

"为了让更多的人参与智能硬件创新，我们设计出一套开源智能硬件开发工具，我们叫它SmartNode。"对于用户来说，SmartNode（智慧节点）提供了一种类似脑图（思维导图）一样的设计方法，"让你把各种传感器、摄像头，甚至'人脸识别'或是'机器学习'的一个个'节点'进行'组装'，快速搭建智能硬件的原型，从而产生独特的作品。"李洪刚说，开源社区网站SmartNode也已经上线，类似的SmartNode模块已经有50多种，极大地满足了创客们各种创意需求。

XPider 蜘蛛机器人

在"创客大爆炸"实验室有一个即将进行众筹的蜘蛛机器人"XPider"。它身型小巧，和成人的拳头差不多大，像蜘蛛一样拥有六条腿，圆圆的头上安装了一枚高清摄像头，身上还带有各种功能的传感器，可以进行人脸识别、室温监测、图像采集等众多任务，技术人员还给它设计了舞步，它的六只小脚会根据场景跳出各种舞蹈。更酷的是，它是一个可以用 SmartNode 设计的机器人，用户完全可以自行定义属于他或她的"XPider"的思想和行为。

XPider 能够熟悉主人的习惯，帮助主人记忆，观察主人的变化。最重要的，它不断地在学习主人和主人的周遭，不断适应这些变化。甚至可以自己做梦，通过它的视觉记录主人每天的生活工作的场景和脑波传来的数据，生成一个属于主人自己的梦，可以是一段视频流。人类朋友可以像训练一只可爱的小狗一样，将它训练成一个真正个性化的好朋友。

李洪刚介绍，制作这个机器人的团队只有六个人，多数都还是在校的大学生，他们利用"创客大爆炸"提供的工具，在快速原型实验室制造出自己想要的作品。"现在这款已经是他们的第三次迭代的作品，能让他们在短时间内实现并提升作品与我们提供的创新工具和快速迭代的方法密不可分。"李洪刚说。

从有想法到实现产品，历时 2 年，Xpider 团队经历了数次迭代，每一次几乎都是"颠覆性"的创新和突破。英特尔创新加速器全程参与，将人工智能工具交给团队，和团队一道做市场和做产品，提供各种资源对接。2016年11月Xpider众筹成功，2017年8月完成产品，7月，100支Xpider组成阵列实现群体协作，这些都是英特尔创新加速器和团队一起努力的结果。

用新技术、新设计、新方法打造的作品，就是像Xpider一样，从一个个创新加速器中涌现出来，"创客大爆炸""柴火空间""深圳开放创新实验室""中科创客学院""创客世界"，这些都是创客梦想的加速器。

在"创客大爆炸"，创客们不仅可以找到得心应手的多种创新工具箱，还可以聆听激发创新思维的"创客起飞"课程，最终还可以体验一下为自己产品的众筹。

"创客大爆炸"研发出的创客工具、创客的教学课程已经推广至国内十几家众创空间。在自己培养创客的同时，也在协助其他众创空间为创客们提供专业的服务与指导。

李洪刚表示，未来"创客大爆炸"会将这些创新内容与更多的众创空间、大学的公共课，甚至通过网络进行分享，让更多人做出自己的成功项目，形成中国式的创新大爆炸。

创新不能永远停留在实验室

创业者需要的"加速"机会英特尔可以提供。在英特尔众创空间加速器成立两年后，英特尔又将众创空间更名为创新加速器。英特尔期望好的项目能够走出实验室，让创业者的想法变成现实。

在英特尔众创空间升级为加速器后，加速器内的创新项目与英特尔的八大聚焦领域可以很好对接。例如机器人视觉导航技术，英特尔会将这个项目对接到机器人创新生态圈，定期会有各种供应链大会，甚至包括市场推广活动。

李洪刚介绍，在"创客大爆炸"，每个人都可以尝试让自己的创意实现，没有任何考核指标。英特尔给创客提供的一个创造的空间，让创客们自由尝试。

英特尔带着这些项目走出实验室量产之后，还可以从三个方面帮助到这些创业者：第一个是技术层面，英特尔为优质项目提供相关领域的专家，提供一对一技术分析、探讨；第二个是市场层面，英特尔品牌背书，介绍英特尔生态圈的合作伙伴给创业者，开拓业务；第三个是投资层面，英特尔投资部如果对项目感兴趣会直接投资，或者引入其他投资合作伙伴。英特尔希望这些创新企业越来越大，一方面可以让英特尔的产品被使用的机会更多，另一方面英特尔认为在中国的创新是有机会走向世界的。

"创客大爆炸"外传一：风雅创客给衣服施魔法

晚礼服可以变化各种裙摆造型；太极服可以根据运动者的动作显示出运动轨迹；衣服可以根据天气显示不同的颜色……这些在刘伟的实验室中都早已经实现。

作为英特尔中国研究院的一名工程师，刘伟除了平时在实验室中完成对机器人人工智能的研究，还会到创客大爆炸的实验室和时尚设计师们一起完成智能服装的设计制作工作。

来自德国的国际知名模特阿妮娜·奈特（Anina Net）曾到访"创客大爆炸"，想要寻找可以帮助服装设计师实现智能服装效果的工程师。"创客大爆炸"的负责人李洪刚就把刘伟介绍给阿妮娜，这是刘伟与时尚的"第一次亲密接触"。

"我在英特尔研究院的工作多半和我所学的专业相关，对于时尚我了解的并不多，只能尽量帮助设计师实现想要的服装效果。"刘伟说。毕业于北京邮电大学无线电通讯专业的他，在开始接触时尚设计领域之后，发现服装设计师们其实对于科技的需求十分强烈，只是苦于其高冷的技术门槛。

为了降低设计师使用智能硬件的难度，刘伟和同事一起研发出操作简单的 SmartNode（智能节点），从而更形象化地帮助设计师对自己的作品进行创作。

刘伟说，时尚界定义的智能服装需要的主要元素通常会包括：光纤、LED 灯、运动传感器和小型的电机。他的工作就是将这些零件在程序中简化。

"我们把各种传感器、LED 小灯泡、电机设计成不同样子的图标，设计师们只需要把一个个图标进行'组装'，快速搭建智能硬件的原型，从而实现各具特色的作品。"刘伟说，未来他们还会加入太阳能的模块，这样可以大大节省服装自身带电池的重量，极大地满足了设计师各种创意需求。

在"创客大爆炸"，每个人都有一个绰号，刘伟喜欢让别人叫他"都督"，因为他觉得自己是一名风雅的创客。

刘伟笑谈，他还做过一件有情怀的事——把音乐转化成震动的信号。从小受家庭的熏陶，刘伟对音乐有着天然的感知能力，从陶笛到二胡再到钢琴，他都能熟练掌握，有些曲子弹过几遍后就不再需要乐谱。

这样凭借自己与生俱来的音乐感知能力和对计算机算法的了解，刘伟与同事一起造出了通过震动形式演奏音乐的机器。

"我们根据音频信号解析算法从而还原音符，再根据对应的音符转化成震动的物理信号，这种形式的转化可以让有听力障碍的人感受到音乐。"刘伟说，这台机器表达出音乐的流动与劲爆音乐传达出的震感有很大的区别。

虽然无法知道残障人士对这台机器的使用感受，但是能用另一种形式表达音乐，让他很开心。刘伟说："创客最大的快乐就在于实现了每一个极富想象力的点子，看到做出来的作品，内心总是会充满激情。"

"创客大爆炸"外传之二：跨界是极客的使命

在英特尔的"创客大爆炸"的空间里陈列着冯楚宸的作品——咖啡牛，一头不产牛奶却可以挤出咖啡的牛，操作者通过手机控制咖啡牛里面安装的智能节点（SmartNode），在主人起床前就可以做好一杯咖啡。

咖啡牛的外表，可以根据主人的喜好进行设计。为了能让煮咖啡的过程更生动，牛鼻子在工作时会冒出热气，好像它是使尽全身的力气在煮咖啡。

如果你觉得做出这台智能咖啡机的应该是位智能硬件工程师，那就大错特错。冯楚宸的真实身份是设计师。他毕业于美国南加州建筑学院，专业是建筑设计。他目前从事跨界设计，最近正在上海参与 Echo 回声3D 音乐节的前期准备。

冯楚宸说："3D 音乐是一种立体声音乐，早前音乐公司打造出了只用耳机就能完美地将录音场所的声场（360度）还原的技术，而现在我要做的就是让它能在现场体现出来。"冯楚宸尝试利用舞台和音箱不同位置的放置以及灯光照明等各种元素让观众体验视觉与听觉合而为一的3D音乐。

作为一名创客，冯楚宸从没有给自己的工作设定边界。他在美国从事过建筑实践、画廊营销、艺术策展。回国后，他致力于搭建设计师联合跨界的创作平台，参与各类创客空间的活动，还担任过景山学校活动课的老师。

"我并没有刻意要学生设计某一个造型或是物品，而是希望他们从自己的灵感中寻找，打印出来的东西只要和他们想象的一样就可以。"在冯楚宸看来，设计师的使命就是要让平淡的生活变得有趣，充满正能量。

"有趣"是冯楚宸工作的出发点和动力。回忆起刚从南加州建筑学院毕业时，正是因为没趣，冯楚宸辞掉了一份设计豪宅的工作，转战纽约。凭借设计天赋和积累的经验，他开始尝试不同领域的元素结合，创造出有趣的东西。

他曾负责为Lady Gaga的演出设计舞台和服装，很多衣服都是用3D打印机制作出来的。冯楚宸在这个过程中发现了不少乐趣，艺术、科技的结合，让他碰撞出许多新思想，从此坚定地走上跨界这条路。

冯楚宸觉得跨界是创客的使命，未来他还要将更多的艺术形式结合到一起，做出更炫的设计。

快问快答

问：你如何看待政府的双创政策？

答：双创政策给企业和个人很多可以尝试的空间。

问：你如何看待当今国内的创业环境？

答：双创已经有四年了，现在的创业环境和支持政策越来越成熟了。

问：对于"兼职创业"你怎么看？

答：如果有兴趣和精力，兼职创业非常赞。

问：创业必须脱离原工作吗？

答：不一定，在"创客大爆炸"，很多创客还有其他的工作。

问：英特尔怎样鼓励员工在本职工作之外进行创业？

答：英特尔更多的是鼓励员工创新。

问：有人认为大外企出来的人不适合创业，对此你怎么看？

答：因人而异。

我与双创：
英特尔创新加速器亮相双创周

2015年4月，英特尔CEO科再奇宣布，英特尔将投资1.2亿元人民币推出"众创空间加速器"计划。这一计划包含在中国建立8个联合众创空间、建立线上创新中心以及建立天使投资基金并支持孵化等内容。

众创空间加速器计划将依托于英特尔的综合优势和整合资源，采用"三级推进"模式，实现全程价值输出，从播种深耕开始，推动从创想到创客、从创新到创业发展。所谓"三级推进"模式即建立联合众创空间、建立开放的线上创新中心和建立天使投资和创业孵化三项举措。

英特尔在2015年内设立8家"联合众创空间"，与政府、大学、科研机构和创客社区合作建设，在北京、上海、深圳、西安、成都、天津等重点城市落地。英特尔将为"联合众创空间"提供一揽子支持，包括硬件、软件、工具套件、参考设计、培训课程、创客大赛等活动。

在线上创新中心部分，英特尔将推出创客大爆炸在线空间，并整合"硬享公社"和开发人员专区等已有平台资源。"创客大爆炸"在线众创空间将提供参考设计、智能硬件开发套装、软硬件开发工具、在线论坛等开放资源。

2016年双创周上，英特尔创新业务部中国区总经理、创新加速器负责人李德胜对媒体表达了英特尔积极参与创新的举措——一方面，在当年双创周期间，英特尔通过在中关村创业大街成立众创空间加速器、建立开放实验室等方式，全球遴选智能硬件、物联网、人工智能等领域优质项目，帮助创业者快速发展；另一方面，也是对接企业自身的创新需求，借助外部力量解决技术"痛点"。英特尔不仅开放实验室内的激光切割机、3D打印机等资源为创客免费使用，还为创客们提供一个智能硬件创新展示交流的平台。

第五章　喜马拉雅 FM

余建军：成就自己，成就用户

上班路上，打开喜马拉雅 FM，收听自己喜爱的节目获取知识，已经成为很多人的固有生活方式。如果说 6 年前刚刚创业时，还需要向人们解释为什么要选择音频领域，而现在，4.7 亿的用户和 500 万名主播的规模，已经说明了一切。

2015 年到 2017 年，喜马拉雅 FM 均参加了全国大众创业万众创新活动周，获得大量的关注。作为 2018 年全国大众创业万众创新的预热项目，"双创周人物风采录"系列报道采访了这位总是充满激情的创业者、喜马拉雅 FM 创始人兼联席 CEO 余建军。

更重要的是，遇到挫折懂得冷静思考，坚持初心和将创业不断地进行下去的毅力。——余建军

上海证大喜马拉雅网络科技有限公司 2012 年成立，2015 年到 2017 年参加双创周相关活动

对于大多数创业者来说，往往是选择了一个坚信的项目，而后开始坚定的创业。余建军显得有些不同，他从未打过工，创业，探索别人没做过的事，就是他要的生活状态。连续创业者对于生存期是否有不同的判断？对于度过生存期，他又会给我们怎样的建议？

连续创业者 投入了全部

余建军，喜马拉雅 FM 联合创始人兼联席 CEO，福建人。与很多创业者不同，余建军从未打过工，他是一位连续创业者。

大多数创业者会从工作中了解行业、发现自己的优点，而余建军不同。也许选择创业的人是性格使然，无论发生什么事，都不会改变天性中的探索和执着。"如果最后我们还是什么都没干成，我也认了。这就是我要的生活方式，我就喜欢探索这种别人没做过的事，然后保持每天充满能量的状态。至于结果，有好结果当然最好，没有好结果，也认了，因为这就是自己做的选择。"这是余建军创立喜马拉雅初期对自己说的话，今天，他仍然这样说。

现在，喜马拉雅FM从8个人扩张到1600人，成为音频行业绝对龙头，而4.7亿的用户与500万名主播的规模，也使其成为绝对的行业领军企业。

1998年，余建军从西安交大航空航天学院力学专业毕业，先后创立了杰图软件、街景地图项目城市吧（出售给百度）、虚拟世界项目——那里世界。对于那时的状态，余建军仍然记忆犹新。

"最艰难的时候就是2011年底和2012年的上半年，当时钱快花完了，不断尝试新的方向，但是新的方向还没找到。我当时自己在心里面写过几个字——'梦未竟心不死'这6个字。"

那是2012年喜马拉雅创业时，余建军的上一个项目——那里世界的100多个员工跑得只剩下8个。"那是我们最艰难的时候，我开始怀疑自己。"余建军回忆说，"当时我都过了35岁，好像人生战斗力最旺盛的时期快过去了，但是创业梦还是那么遥远。"余建军选择的自我充电的方式可能有点煽情，就是听马丁·路德·金"I have a dream"的演讲。余建军说，在大学里面听他的演讲听了几百遍，听他的演讲就有一种充电的感觉。

对于当时的状态，与余建军一起创立了那里世界和喜马拉雅FM的联合创始人陈小雨曾说，选择项目经历了难熬的过程。"其实我们的出发点想的是我们有什么，而不是回归到芸芸众生。"陈小雨介绍，如果落实到需求层面来说，就是怎样找到一个刚需的、大众的、使用频率比较高的需求。余建军团队一度设想了教育培训、视频、音频、直播等四五个创业方向，最终锁定音频领域。

余建军迅速创立喜马拉雅FM，投入了全部：此前赚到的所有钱、时间、梦想……

对于创业，余建军说："创业者之所以做出创业的选择，很大程度上是出于创业者对创业的热情以及勇于挑战不可能的决心，更重要的是，遇到挫折懂得冷静思考、坚持初心和将创业不断地进行下去的毅力。"

陈小雨曾先后任职中凯企业集团投资总监，上海证大集团投资总监，有超过15年的行业投资以及战略管理经验。"为什么我当时会下决心从正大，那么养尊处优的环境跳出来？"三年前，陈小雨这样回忆共同创业的历程，这样回答这个问题：因为在他身上看到了未来中国经济的新希望。"老余当时会穿着拖鞋到证大来，我当时的同事会说'哎哟，这是一个什么人啊'。他把钱全部投在2C的项目中去，自己的生活水平无与伦比的低，开着一个几万块钱的小破车，不修边幅。"对于创业精神，陈小雨说："互联网和移动互联网项目，如果你想做成点事，你的第一要素其实是忘记一切，或者说达到忘我的境界。"

把所有想做的事情看到只剩一个点

对于创业"从零到一，一到一百"的这个过程，余建军明确表示："创业者刚开始觉得要做无数事情，才能满足项目的发展需求，但是资源都消耗光了，也没有形成闭环，内容也没有做到极致。所以，从零到一，一开始做的闭环要小。换一种说法，要先做减法，把所有想做的事情砍到只剩一个点。然后再做乘法，让这个点有大量用户规模化发展以此扩大规模。进而做一到一百的过程。"

喜马拉雅FM联合创始人陈小雨

选择音频领域，并不是没有质疑声。当时视频行业如火如荼，有声书、付费音乐等也并没有很大的市场反响。"我们当时起步的时候，心里还是很窃喜，最好除了我们以外，所有人都认为这是一个小行业，这才是我们真正的机会所在。"陈小雨笑着说。

根据双创人物风采录的采访经验，这也是大多后来成为行业独角兽企业在创业之初都遇到的情景：大多数人认为没戏。坚持下去，这样的创业往往能够看到更大的市场。因为"如果大家都觉得好，你早就没有机会了"。

余建军说，基本上2012年的6月份就确定了音频这个方向。"我们大概花了2个月时间组建团队，同年11月左右喜马拉雅FM网站上线，2012年3月喜马拉雅FM在苹果APP上线，比我们预想的速度还是快。"

当时在音频这个品类里面，已有的内容比较少，除了郭德纲相声和单田芳评书，余建军也想不到什么更多的东西是个音频产品。音频不像视频领域，有那么多的电影、电视剧，那么多制作公司。最终，喜马拉雅选择的是UGC（用户生产内容）路线，就是让各行业有才的人都来做。

余建军说，喜马拉雅的初心是让有才华的人做内容，用声音分享人类智慧，精准提供给有需要的人，因此在创新模式的选择上做得比较极致。如今回望，这是个罕见的远见。

以互联网音频应用为方向，懒人听书、QQ音乐、阿基米德等，或者以音乐、有声书为独特优势，或者有传统广播台班底的强大内容根基；但像喜马拉雅这种通过UGC、PGC（专家生产内容）的模式来构建音频生态，却是一种创新。余建军说，不是没有遇到对手，只是喜马拉雅的平台模式押对了方向。

最关键的是人才和资本

方向选了，如何往下走？

余建军介绍，早期主要做的是发展种子用户、天使用户，让他们在这里可以停留，带动他们圈子的人上来。在应用商店上关注用户的口碑，每天盯着评论，有问题的地方赶紧改。"找人"的过程需要眼光，更多的是脚踏实地。他找来一位做了10多年却一直不温不火的电台DJ——谢涛，讲解中国历史，"一会扮皇帝，一会扮大臣，一会又扮谋士"。谢涛的粉丝3个月就超过了50万。他找的汽车栏目主播是一位有十几年销售经验的4S店销售人员，每期讲解一辆车，"全是干货"，受到粉丝的喜爱。

这些看起来细微、基础的工作，也需要强大的执行力。很快，喜马拉雅FM的主播数量就突破1万，用户数量更是滚雪球似的增长，2014年年底已经突破1个亿。

经过6年的发展，喜马拉雅的路越走越宽，硬件、场景、内容付费，都有这家企业成功的案例。但度过生存期，从来没有容易的事。

"我认为企业在创业初期最重要的是如何修炼内功，完善竞争壁垒的建立。例如在音频领域，应尽早做好版权合作。一个好的创业者不应该浮躁，而是要将注意力集中放在企业如何生存和发展的问题上，尽可能大的创造用户价值。"余建军这样说。

在余建军看来，创业成功最关键的是"人才"和"资本"。人才是互联网领域最核心的变量，资本是配套变量。

余建军在双创周展览现场

"有创业精神的人本身就是稀缺人种，哪一个互联网的创业者不是身经百战死中求生？如果在初创期能够得到聪明资本的第一笔投资，让创业者可以专注做自己擅长的事，可能会更加事半功倍。"余建军坦言。

喜马拉雅的崛起，与一位天使投资人密不可分——证大集团创始人、董事长戴志康。余建军坦言，戴志康是他两个创业项目的天使投资人，二人结识于"那里世界"的创业项目，正是这份机缘，成就了如今的喜马拉雅。

连续创业者的优势之一，也许是对融资非常熟悉，又有相关经验。得到戴志康的天使投资之后，喜马拉雅的融资更加顺利。

"我选择投资人有两个标准，第一就是他的估值是不是在顶部区间，我不要求是最高的，这是前提。第二个条件，他是不是我产品的粉丝，是不是我产品的重度用户。如果他对行业、对产品不了解，我跟他将来会很痛苦。"余建军这样说。

真正的价值是给所有人舞台

"喜马拉雅创立之初，我其实是回归了我的创业初衷，建立一个能够服务亿级用户规模，为大众创造真正价值的互联网平台。"这样的话如果在创业之初看来可能难以实现，然而从最初的一个一个主播的去寻找，发展到现在的规模，竟然只用了不到6年的时间。

根据艾媒咨询4月发布的中国在线音频市场研究报告显示：2018年1月，中国在线音频渗透率（APP活跃用户数/全网用户规模）中，喜马拉雅FM的渗透率为5.12%，排名第一，其后是蜻蜓FM和荔枝，渗透率分别为2.29%和2.18%。同时，易观、艾瑞、QuestMobile等国内权威数据机构报告显示：作为知识付费平台代表，喜马拉雅FM在移动音频行业的市场占有率已达73%，以绝对优势领先行业。

对于声音这门生意，余建军一直抱有很大的信心和希望。"声音不仅是更便捷的信息交互方式，也更有利于每个人进行表达。每个人都有可以独属于自己的智慧，沉淀在自己的大脑中，只是没有一个合适的方式将其加工出来。"从选择UGC的那一天起，余建军就对音频行业的发展有着自己的理解。"语音对于解决这一问题有着天然的优势。如何把每个人的智慧挖掘加工出来，使得信息更好地传播和分享，进行传播和商业变现，这也是音频内容将来的发展方向——喜马拉雅用声音分享人类智慧，让知识像水和电一样，无处不在，随取随用。"余建军说。

在创业发展的过程中，喜马拉雅怎样应对竞争？对此，余建军回答，喜马拉雅的长期目标是构建完整的音频生态圈，打造成以音频为核心连接的人工智能时代的新媒体，用户通过语音控制实现智能家居、智能穿戴的音频播放，实现音频的时刻相伴。喜马拉雅应对竞争在于不断创造用户的价值，以及坚持平台模式的战略。

"为用户创造价值"，是很多企业都愿意说的话。喜马拉雅真正做到了，不仅是传统意义上的一线名人，很多你我身边的普通人，也通过喜马拉雅实现了自己人生的发展。

"内容创业拥有巨大的机会，这如同'喜马拉雅'是个山脉，喜马拉雅FM也是一个提供'群峰'机会的平台。内容创业人群很多，细分领域很多，每个人群、每个细分领域都有足够大可以深挖的市场。"余建军说。

前文中说到的4S店销售经理，喜欢诵读的朗读者，分享自己育儿心得的全职妈妈，还有讲笑话的95后小姑娘……无数看似平凡、却有自己特点的人，通过喜马拉雅这个平台完成了"自我创业"的过程，在获取"以前从未想过"收入的同时，实现了自己的"小梦想"。

未来，喜马拉雅想做的事情还很多。余建军说："希望布局四五线城市乃至农村市场，并利用喜马拉雅的内容和用户行为数据资源优势，围绕人工智能、物联网战略进行布局，专注于用户的精准内容服务。"

让每一个人都能有平台发挥自己的优势，不断创新出适合社会发展的创业形态，在发展大企业的同时，带动更多的人实现创新创业，这，也许是"大众创业万众创新"的真正含义。

快问快答

问：作为一个有着多年经验的连续创业者，您认为创业者做出创业的选择，是性格使然，必定的吗？

答：创业者之所以做出创业的选择，很大程度上是出于创业者对创业的热情以及勇于挑战不可能的决心，更重要的是，遇到挫折懂得冷静思考，坚持初心和将创业不断地进行下去的毅力。

问：您认为创业在当时的情况下是必需的、最好的选择吗？

答：创业到最后不是做技术，而是做人才、组织、资本、运营等方面的有机结合，是在帮人织梦、构建希望。

问：您认为企业在创业初期最重要的是什么？

答：创业成功最关键的是"人才"和"资本"。人才是互联网领域最核心的变量，资本是配套变量。

问：您认为企业在创立之初，创始人最重要的能力或者说素质是什么？

答：作为一个团队的领导者和创始人，对创业的坚持以及勇于挑战不可能的毅力是必不可少的。

问：您认为喜马拉雅是什么时候度过了生存期，进入发展期？您认为应该怎样定义企业的生存期和发展期？

答：对于创业"从零到一，一到一百"的这个过程，余建军明确表示，创业者刚开始觉得要做无数事情，才能满足项目的发展需求，但是资源都消耗光了，也没有形成闭环，内容也没有做到极致。所以，从零到一，一开始做的闭环要小。换一种说法，要先做减法，把所有想做的事情砍到只剩一个点。然后再做乘法，让这个点有大量用户规模化发展以此扩大规模。进而做一到一百的过程。

问：企业的发展路径，比如做到什么规模、做到行业第几、上市或是被收购等，应该是在创立之初就有清晰的规划吗？您当时是怎么考虑的？

答：我认为企业在创业初期最重要的是如何修炼内功，完善竞争壁垒的建立。例如在音频领域，应尽早做好版权合作。一个好的创业者不应该浮躁，而是要将注意力集中放在企业如何生存和发展的问题上，尽可能大的创造用户价值。喜马拉雅创立之初，我其实是回归了我的创业初衷，建立一个能够服务亿级用户规模，为大众创造真正价值的互联网平台。

我与双创：
创新创业，和 500 万声音创客一起

作为我国最具影响力的双创活动品牌，喜马拉雅能和平台 500 万的声音创客一同参加 2018 年全国双创周活动，感到非常骄傲和荣幸。双创周为企业提供了很好的展示合作交流的平台，也是创投行业的风向标，大大增强了喜马拉雅的创新活力以及快速发展的能力。

自李克强总理提出"大众创业、万众创新"号召以来，创新已经成为社会进步的灵魂，创业成为推进经济社会发展、改善民生的重要途径。喜马拉雅一直致力"耳朵经济"的创新发展。大量"知识网红"投身音频微创业，喜马拉雅帮助他们获得名声和收益，希望并帮助每个人登上自己人生的喜马拉雅。

国内整体的创业环境越来越好，双创内涵也更加丰富。国家近些年对双创的支持力度不断加大，全社会都在用自己的方式支持双创。这都为企业提供更加广阔的一展身手的空间，让创新更有动力了。

高成长性企业：
谁说创业企业只会"烧钱"？

都说创业企业只能烧钱，却不会盈利，也需要盈利。喜马拉雅 FM 则不然。

喜马拉雅 FM 的主要盈利模式主要分为三个方面：知识付费、广告、智能硬件。

2016 年，"知识付费"风起云涌，喜马拉雅抓住风口，于 2016 年 6 月 6 日，喜马拉雅 FM 于正式上线音频行业内首个"付费精品"专区。马东团队的付费音频教程《好好说话》作为专区上线后的首个项目，首日销售额即突破 500 万，一周后总销售额突破 1000 万，为专区上线打响了第一炮。此后内容付费的盈利效应正在逐步凸显，以喜马拉雅在 2016 年

12月打造的"123知识狂欢节"为例，24小时内实现了5088万元的销售额。这让越来越多的内容创作者感受到知识付费的风口到来，认识到音频对于知识创业和知识变现的重要性。2017年6月6日，喜马拉雅FM打造的"66会员日"是内容消费行业首个会员日，也是"123知识狂欢节"后又一次全平台的大狂欢。喜马拉雅在"知识付费一周年"之际开放会员权益，目的是为现有的付费用户提供更为优质及精准的服务。66期间，共召集342万会员、产生知识消费6114万元，这是喜马拉雅FM打造的内容消费行业首个会员日的成绩单。

2017年6月，喜马拉雅推出了人工智能音箱"小雅"，为内容分发和流量入口占据打造新的平台。余建军说："我认为人类接触媒介的过程将会从人找内容向内容找人转变。"在"互联网+"到人工智能这个时代里头，人机交互方向巨大的变化，或者即将发生巨大的变化，是一个非常重要的趋势。智能的语音操作系统会成为下一代操作系统，语音会成为下一代内容获取的方式。从网络电台、有声阅读，到知识付费和智能音箱，喜马拉雅力求围绕音频构建一个完整的闭环生态圈。

"互联网+"正在走向人工智能的时代。在这个时代里，人机交互的革命是非常巨大的事情。而在人类从互联网走向物联网的过程中，很多没有屏幕的物联网载体决定了，在万物互联的时代后，必将迎来的是万物有声的时代。因此，喜马拉雅押注人工智能。在人工智能的背景下，小雅承载了喜马拉雅的使命：人类智慧可依靠音频存储，语音调用，重塑人们获取信息的方式；让知识与智慧像水和电一样，无处不在，随取随用。

第六章 考工记

张望：我只是踏踏实实做事

宁波考工记，一家以"科技与文化跨界创新的践行者"为使命的公司。在 2015 年、2016 年间，这家公司参加全国大众创业万众创新活动周，均获得了总理的接见。

互联网、房地产、新材料、电动汽车……进入这些行业也许需要更多的知识、资源和能力，对于普通人来说，也许真的是"可望而不可即"。考工记则不同，这家公司的创业故事中，心酸、选择和难题都离普通人那么近。和我国无数中小企业一样，这家公司通过自身团队每年一步一个脚印的努力，获得了良好的发展，也将创新精神传播给了更多人，让更多人获益。"双创人物风采录"采访组采访张望，这位今年刚刚四十岁的创业者时，发现与互联网上那些动辄融资上亿、风云际会的故事不同，考工记的创业经历和企业发展历程没有受大家热衷追捧的关键词，我们从中感受最深的，就是踏实两个字。

创始人最重要的是能吃苦。——张望

浙江省宁波市考工记产品创意有限公司
2011 年成立，2015 年到 2018 年均参加双创周活动

走出体制，我不会后悔

2007 年，张望从澳大利亚回国发展。他来到宁波发改委下属的宁波国际投资咨询有限公司工作，并于 2008 年被派往宁波科学探索中心，负责展示建设。

2011年，宁波科学探索中心建设即将完成，张望和他的团队却面临着由技术变为管理的重要转型。"我的专业是城市规划，但我即将要从事的却是一份管理工作。"作为全国首家以"探索"为主题的大型互动体验式科普场馆，张望和其他的核心团队成员一起，为宁波科技馆的设计、建设投入了大量精力。"在这个过程中，我对科学普及、科学教育产生了浓厚的兴趣。"张望说，比起管理一个科技馆来说，他们更愿意建设一个科技馆，这个过程更有趣味。张望花了大量时间、精力去学习、实践，"当时我们一共六个人，是核心技术人员，一起去做科学探索教育。"

张望说："我们看不惯天下的科技馆千馆一面。我们就是想做创新设计，做出不一样的东西。"张望介绍，当时请了全世界顶级的公司帮助宁波科技探索中心做设计。"中国人比外国人差在哪里了？我们难道就只能做一些简单的展品吗？"张望说，他们带着这样一个愿望，希望能够走出一条创新科学普及之路。这一年，张望他们在宁波成立了考工创意记产品创意有限公司（以下简称"考工记"）。

那么当时有什么特别的东西吗？比如已经有客户了？

"没有，有的只是一腔热血啊！"张望这样开着玩笑，爽朗地大声笑起来。"其实只是觉得自己有点能力，做成了一些事情，又有些想法想做点事情罢了。"从那以后，设计、建设科技馆成为考工记的一项重要业务。此后，团队又承接了浙江慈溪科技馆的运营业务，这也是全国第一个公办民营的科技馆。

找到方向要感谢一个人

"当时手里有点钱，想法比较天真，觉得咱们先把这个事情干起来，事情不干、只研究，也不知道市场是怎么回事。有大半年的时间是在找方向，找到几个方向再试，包括我们也考虑做科普玩具。"张望称，在决定从事科普之路前，他遇到了一个人，从而确定了企业的方向。

他口中的这个人是李象益教授，我国鼎鼎大名的科普泰斗。李象益曾任中国科技馆馆长、国际博协科技馆委员会副主席。2013年荣获联合国教科文组织颁发的有"科普界诺贝尔奖"之称的"卡林伽"科普奖，成为首位获此殊荣的中国人。

通过和李象益教授的接触，张望对创造力教育有了更深的认识。去寻找客户、找工厂、去市场看，最后才确定以创新设计为核心发展科普教育。张望相信，能够获得良好效果的科普工作不单单是攒一些炫酷的产品、讲授一些科学知识那么简单，而应该系统性的研究。考工记也通过中科院深圳分院、中科院心理研究所、北京师范大学一起进行基础研究，不断开发出适合青少年科学普及教育的产品和业务内容。现在，张望团队有三个主要业务，第一是科技馆和儿童科技乐园的设计和设备制造，第二是儿童科技创造力教育，第三是科技馆、博物馆的运营管理。

"我们这些年的核心竞争力就是创新设计。"张望说，创业的过程并不容易，科技馆建设、运营的项目也是一个一个"死磕"下来的。张望介绍，如果说，科普场馆的建设、运营是一个行业，考工记在行业内可以说名列前茅。

2014年，考工记与中科院深圳先进技术研究院一起承接了中科院与德国马普学会联合举办的科学隧道展。考工记负责的"纳米"展区所用的成本不到德国同行同样面积的三分之一，但其互动展示效果却令一直以精工制造自豪的德国人竖起了大拇指。这套展览最终被国家纳米科学中心永久收藏。

"我们的利润率并不低，但是利润的绝对值很低。"张望介绍，初期一年可能制作一个科技馆设计的项目，100多万对于当时小规模、只有十几个人的公司来说，也算不错。"但有一个大问题，就是不稳定，我们费尽心力、找世界顶级的设计公司联合，很多设计国内当时没有，但是我们做出来了，几年以后全国很多地方的科技馆也会用。"张望说，这也迫使他不断寻找更广阔的发展。

创业最重要的是吃苦

创业中最重要的能力是什么？

"吃苦。"

这个问题采访组问过很多创始人，唯张望的回答最简单。

"我认为企业生存期和发展期是一个伪命题。我觉得生存和发展是一直在一起，没法做一个时点上的划分。"回顾企业历程，张望2011年开始创立企业，2012、2013年一直都在亏损，2014年止损期，2015年开始盈利，这两年考工记加大了对外投入，利润额又开始下降。"我们这两年发展很快，业务品类、员工数量、规模都快速增长，很多时候企业只有靠发展才能生存。"现在，考工记从几年前的6个人，发展到了三家分公司，近100名员工。

科技馆的相关业务虽好，但是大多需要招投标，有时候甚至要和十家企业一同竞争一个项目，并且没有那么稳定，规模化也并不容易。"这样是逼着我们找新的方向，我们开始自主投资儿童科技馆，还有关注儿童科技创新教育。"张望介绍，儿童创造力教育，主要是培养儿童的创新精神和创新能力，包括知识和能力的学习。2015年底，张望清醒地意识到，今后科技馆的发展一定是展览与教育活动同步进行，并把第一年一半的盈利拿出来投入到教育培训活动研发之中。现在，考工记通过和中科院深圳分院、中科院心理研究所、北京师范大学合作，研发最基础的儿童创造力标准，并且把它开发成系列的课程。

对于儿童创造力教育，张望说，我觉得科技教育大的趋势不会变。尽管科技教育没有获得像语数外那么多的重视，但推动它符合社会发展的规律，"我们还是顺势而行"。

选择做了就要做好。

在张望看来，儿童创造力的培养本质是培养创新精神，而创新精神贯穿人的一生。大多数课外科技培训以知识、动手技能教授为主，而创造力的核心是社会价值的体现。原动力是进步感、价值感，学校和社会上的机构，讲授的课程往往是满足了进步感，而忽略了成就感和价值感。"我学这些东西，是为了满足高考的需要？还是为了我以后能成为对社会有用的人？"在张望看来，创造力培养不能忽略本质而只追求结果。自2015年起，考工记进入儿童培训领域，在考工记上课的孩子大多会一直学习两三年，考工记也会鼓励孩子参加一些竞赛，把孩子做的东西申请一些成果，比如专利、软件著作权。"虽然创造力和年龄没有必然联系，但是知识的积累却是创造力的重要维度。"在去年举办的广东省青少年小院士活动中，考工记选送的5个孩子全部入选"十佳小院士"。尽管成绩很好，张望仍不无遗憾地说，但是作为一个市场产品，创造力课程的定位客户群很窄,"可能大家大多回去学语数外,年纪越大的孩子,上科技兴趣班的越少"。

如何发挥人的价值

与其他有着明确产品的企业不同,考工记的产品和服务依靠更多创新和创意来实现。在我国的商业环境中,似乎产品、实物更好确定价值,而人的想法、人的创意往往不好定价。对于初创时期的文创企业,如何发挥人的价值?

"我们体现最大的价值是团队的价值,团队的创新能力很强。"在考工记,收入最高的不是初创人员,而是设计师和规划师。好一点儿能拿到几十万,一般的也有十几万,在当地属于比较高的工资水平。核心人员都有股份。"我们愿意让有能力的人获得和他能力相匹配的收益。"张望这样说。此外,考工记尊重员工的想法,每个人的想法被充分重视,甚至都能实现,这样就能留住一些和团队适合的人。合得来、留得下、融得进的团队就比较稳定、高效的团队。现在的年轻人希望做的这些事情富于挑战性。如果一个企业都是循规蹈矩做事情,年轻人觉得没意思,就不愿意做。

创业必谈融资,好像是现在一个默认的规则。张望则不这样认为:"融资的问题本身不是企业的必经之路。有些企业保持稳步发展,不一定需要外面的钱。"在前几年,张望曾经接触过投资人,结果发现谈不拢。因为投资人要求八九个月进行下一轮融资,一年估值就要翻几倍。"我说我干不了。"张望说,行业不同,考工记的业务每年很稳定,有一些递增,然而厂房、设备、人员培养、技术积累、底层研发都需要投入才能慢慢增长,尤其基础研发不是今年投了钱,过几个月就交出研发成果,那是不可能的,需要很长时间。

"我们一开始做这个事情,就没有把个人发财当成一个创业目标,这也是我们这些年能吃得了苦、坚持得住一个重要原因。"张望说,企业走到现在,他更希望比较稳定的发展。"我就是希望把项目做好。活下去比什么都重要。"

对于创业，张望觉得最重要的是三个"气"——有勇气、沉住气、接地气。有勇气，就如深圳的城市精神中所说"创新需要有承受失败的勇气"。沉住气，成功没那么容易，需要时间去打磨，需要经历无数次的失败。

快问快答

问：您认为如何区别企业的生存期和发展期？

答：我认为企业生存期和发展期是一个伪命题。我觉得生存和发展是一直在一起，没法做一个时点上的划分。

问：您的企业是什么时候度过了生存期？

答：如果用求生期来定义，大概用了4年左右。

问：创业中最重要的能力是什么？

答：吃苦。

问：选择创业对您来说是必然的吗？

答：如果现在回头看，当时的情况下，我还会这样选。

问：创业企业初期如何获得所需要的人才？

答：财散人聚。

问：企业的发展道路是一开始就想好的吗？

答：确定好方向，根据实际情况调整。业务需要也会逼着你找新的出路。

我与双创：
今天，我们给孩子埋下创新的种子

2015年和2016年，考工记都参加了全国大众创业万众创新活动周，并获得了李克强总理的深切关怀和称赞。2016年，克强总理肯定了浙江慈溪科技馆的PPP模式是政府简政放权的高效举措。张望带领的创业团队负责运营的浙江慈溪市科技馆不仅是全国第一个PPP模式运营的科技馆，也是全球第一个以创造力教育体系为理论指导的创新型人才早期培养基地。李克强总理对于李象益教授所说的，创造力教育应从"已知到未知"，先解决"从0到1的问题"非常认可，并说"这就是创造力培养"。

此外，深圳中科维盛及其总公司考工记一起承担2015年全国双创周北京主会场启动仪式的总策划和总执行。这支创新团队再一次不负众望，在时间紧、压力大、要求高、困难多的情况下，运用了科普教育中所积累的创意创新经验，通过机器人、新型传感器、多媒体等多种技术，创造了一个完美诠释"汇聚发展新动能"内涵的启动仪式。

随着双创的深入人心，创新型人才的重要性将越发凸显。每年，考工记在双创周的展位上都迎来不少孩子。张望相信，这些孩子里头一定有不少人在30年后远远超过今天的他们，而让他们感到骄傲的是，孩子们心中创新的种子可能就是他们今天埋下的。

双创是一个很好的交流平台，他们认识了很多朋友，对他们未来的经营、思路上都有帮助。

第七章　UCloud

季昕华：高管创业的酸甜苦辣

从华为的技术员到腾讯的管理者，从盛大云的领导者到UCloud的创始人，季昕华傲人的专业背景让人很好奇，如果他创业，会做什么？2015年和2016年，Ucloud均参与了全国大众创业万众创新活动周的活动，现在，Ucloud也发展成为行业独角兽。2018年双创周人物风采录采访组走进UCloud，采访创始人季昕华，聆听他的创业故事。

创业是一个艰苦但又很享受的过程，每天团队都会遇到各种新问题，有很多事情都是没有经历过的，需要从头学起。然而，每一次的困难，都是学习的机会，帮助我们丰富自身的经验。
——季昕华

优刻得科技股份有限公司
2012年成立，2015年和2016年参与双创周相关活动

从黑客到CEO：突破自身的维度

在众多成功的创业者中，季昕华的特别之处在于——他是中国最早的一批黑客。2000年左右，他因为发现了各种操作系统的致命漏洞、侦测到冲击波、震荡波等蠕虫病毒而名声大噪，旋即获得了在华为、腾讯任职的机会。

在腾讯工作的日子里，季昕华忠于职守，把安全管理做得滴水不漏。作为一个黑客，他对安全威胁敏感得令人发指。"那个时候我特别怕用手机下载一些App，因为总觉得新出的App在安全性上非常弱。

结果就造成了我封闭了自己，对社会的感知也非常弱。"现在回想起来，季昕华认为自己掉到了一个大坑里。"现在看来不发展才是最大的不安全。"季昕华说，安全问题可以在发展中逐步完善，但是因为安全原因放弃一项新业务，对公司来讲是一种损失，如果是小公司，也许会直接导致公司死亡。

做技术的人，往往会迷信技术；做安全的人，经常会甘陷安全。这大概是"当局者迷"的通病，在细细梳理很多互联网大佬的简历后，季昕华忧伤地发现，这些人中几乎没有做安全出身。做安全的人，在做任何事情之前，会考虑风险，哪怕有丁点风险就不做了。

在安全领域的创业良机为什么一次次错失？黑客的未来只有被收编？在做云计算时，季昕华挑战了自己内心的平衡，最大的不安全其实是不发展。"这是我想通的一点，风险只要一定范围内可控，是可以发展的。"季昕华说，中国谁都没有做过，有可能你的每一个决策都是错的。心里没底，没底也要往下做。季昕华决定利用自己擅长的技术在安全领域进行创业，那时云计算已经进入中国，季昕华十分看好云安全领域的发展。

突破了内心安全的维度，季昕华开始思考如何让技术和商业结合起来。2009 年，季昕华去监狱看望一个因写木马而被捕的、技术水平很高的"黑客"。他问那名黑客为什么不去企业工作。他说："你以为我不想找工作吗？我技术不错，但没有大学文凭，很多公司都因为没有文凭不肯录用我。为了生存，我只好写木马来赚钱。"他的话对季昕华产生很大的影响，季昕华认为，光做好防范，并不能使整个互联网太平，必须有个模式，能让这些技术水平很高的程序员用自己的技术合法地赚钱生活，让他们活得"有尊严"。

此时，云计算在美国正是这样一个机会，Dropbox、Instagram 等公司神话般的成功故事证明了云计算的巨大力量。云计算非常有效地降低了创业门槛，个人或者小的团队能以低成本快速创业来支持海量的用户，从而实现业务的快速成长。

季昕华决定建立一个云计算平台，让每一个有一技之长的个人或者团队，都能通过云计算为用户服务，合法地获取收入。但这样的想法和当时盛大长远的战略并不符合。为了实现自己的梦想，让更多的人更快、更成功地创业，季昕华在 2012 年开始了自己的创业之旅。

抵御住赚"快钱"的诱惑

在创业的第一年时间里，季昕华主要做了三件事。第一件事是找伙伴。在激烈的竞争环境下，单打独斗是很难成功的，季昕华需要找到志同道合且又能在能力和经验上互补的朋友一起来创业。

季昕华谈到他以前看过很多创业案例，成功的因素各不同，但失败的原因多来自团队和伙伴。他认为人事是创业最重要的一部分，他找到曾在腾讯任职的老朋友莫显峰和华琨，刚好他们都非常看好云计算方向，也想一起创业。莫显峰曾经是腾讯架构部总监，负责腾讯的海量存储和 CDN，具有丰富的海量用户产品架构能力和经验；华琨曾经担任腾讯云平台部运营服务总监，负责过 QZone 和开放平台的运营，深刻理解中国互联网创业团队的需求。

2011 年 12 月 8 日，莫显峰、华琨各自携家带口从深圳千里迢迢来到上海，和季昕华一起开始他们的创业生涯。此后，UCloud 又吸纳了云计算领域的一批人才，逐渐形成了一个有战斗力、有经验的团队。

季昕华认为，创业的第二件事是定战略。2011 年是 App 最火的时候，很多朋友和投资商都建议 UCloud 做 App。UCloud 团队商量后，却认为 App 技术门槛过低，大公司发力的话很容易被抄袭，即使成功也不能实现梦想——帮助其他创业者成功。因此，不管 App 有多火，UCloud 都按照既定的方向前进，继续创建 UCloud 大平台。现在回头想想，季昕华和他的团队很庆幸当初没有闯入移动 App 的红海竞争之中。

季昕华说："和 App、Web Game 等方面的创业不太一样，IaaS 产品要考虑稳定性、可靠性和安全性，研发周期长，不能短期内推向用户，因此不能通过短期的用户数量和收入来激励团队，而要求我们有'板凳要坐十年冷'的精神。"

抵得住诱惑，对于这两年浮躁的互联网行业来说是特别困难的，大量的新闻都在播报着 App 公司用户数达到几百万，融资几千万，游戏公司收入达到几亿的故事。每一个故事，对 UCloud 团队的每个成员都是挑战，因此公司对于团队的融合、激励、成就导向特别关注，采取将每日的工作显性化的方式来体现团队及每位团队成员的成就。

此外，季昕华还有一个很好的办法，就是让技术人员主动和用户沟通，通过了解用户需求，快速开发来满足用户需求，让用户认可技术人员。经过将近 6 个月的实践，季昕华发现这个方案非常不错，既能让用户感受到良好的服务意识，来自前线的用户表扬和鼓励效果也能让团队成员很有成就感。

季昕华提到创业的第三件事是做产品。IaaS 产品对于稳定性、高可靠性和安全性都有很高的要求，因此 UCloud 前期在基础产品的架构设计和研发上花了非常多的时间，并遵循小步快跑的原则，每周发布新版本。

当然，创业还离不开融资。在离开盛大云创办 UCloud 之时，有很多天使投资看好季昕华和新公司，想要投资占股。但是出乎意料，季昕华拒绝了所有的天使投资。"天使投资一百万、两百万，我也有啊！他们投资还要占股份。"这就是当时季昕华的真实想法。

然而，宁可卖掉一套房也不拿天使的他，后来还是后悔了当初的选择，季昕华总结了三点经验："首先由于你不拿天使投资，应聘者会认为投资商不看好你，而不敢加入公司；其次，由于初期资金匮乏，不能够做大面积的宣传，客户会担心你的公司分分钟关门；最后是拒绝天使的同时，也会拒绝一同到来的投资人的市场、人脉、经验的资源。"

这些资金之外的东西，让季昕华认识到，即使自己有钱，遇到合适的投资者还是要敞开胸怀。

创业是件厚积而薄发的事情

季昕华是个很有条理的人。无论双创人物风采录采访组问什么问题，他略作思索后，总能从容不迫地以一、二、三进行回答，似乎每个问题他早已归纳总结过答案。问起他之前在大公司做高管的经历有没有对创业产生影响时，季昕华略有迟疑便总结了四点。

季昕华认为，UCloud 团队的核心人员都曾在腾讯、华为和盛大等大公司工作过，积累了一定的经验。这些经验或多或少地帮助了 UCloud。

首先是人脉的积累，之前 10 多年的互联网从业经历使得团队成员认识了较多业界、学校、政府的朋友，这些朋友从产业、技术、政策、产品和人员等方面都给了 UCloud 很多很重要的帮助，解决了很多实际困难。

其次是技术的积累。经历过腾讯从小到大的过程，也带领过盛大云的创立，经过了一次次的磨炼和洗礼，使得季昕华知道哪儿容易碰壁，什么样的架构是不可靠的，什么样的架构是不安全的，什么样的产品是不能满足用户需求的，从而可以少犯错误，缩短开发周期，提高产品的稳定性。

再次是运营的意识。季昕华认为，互联网的好产品是需要打磨的，只有运营才能打磨出一个好产品。根据以往的经验，团队通过与用户的沟通了解用户需求，通过对数据的分析完善产品，通过向业界学习提高产品。因此，UCloud 会坚持要求研发人员关注运营数据，技术支持要快速解决用户疑难，客户经理要多了解产品和客户的需求。

最后是客户服务意识。季昕华认为，从事基础云计算事业，需要非常强烈的客户服务意识，只有让客户成功了，公司才能成功。UCloud 通常会去深入了解用户的需求，快速想办法解决客户遇到的问题，利用多年的海量业务研发与运营经验，为客户免费提供页面优化、安全加固、架构优化等建议，帮助客户成长。

在季昕华看来，创业是一个艰苦但又很享受的过程，每天团队都会遇到各种新问题，从招聘、产品开发、战略合作、人员培养等常规的问题，到注册公司、选择场地、装修、财务等一些琐碎的细节。有很多事情都是没有经历过的，需要从头学起。然而，每一次的困难，都是学习的机会，帮助我们丰富自身的经验。

"具体来说，我发现困难主要来自于两个方面。"季昕华说，其一是商业模式。由于 IaaS 平台具有高技术门槛、高资金门槛、高运营门槛的特点，挑战非常大，所以国内做 IaaS 平台的企业都是"拼爹"的——阿里云、盛大云、新浪 SAE 等依托于它们集团雄厚的资金和技术，同时获得政府的大力支持，研发多年才逐步建设了比较稳定的平台。而 UCloud 作为创业公司，没有雄厚的资金，也没有政府的大规模支持，困难很大。因此如何解决 IaaS 的重资产、高投入问题，就成为 UCloud 创立以来的最大困难，曾经困扰了团队很长时间。

谈到这点时，季昕华讲起创业时受到家人启发的一件事。有一天吃晚饭的时候，季昕华的岳母看到他很焦虑，便讲了她年轻时候创业的故事。早年，季昕华的岳母是县城里面为数不多能用打字机打字的人，看到生意很好她就想开一家打字店，但买不起打字机。于是她就和县政府商量，免费给县政府打印所有的文件，条件是县政府的打字机也能用来给岳母打印其他文件，就这样解决了资金不足无法购买打字机的问题。

这让季昕华觉得自己的处境和当年岳母的状况是非常相像的，因此他调整思路，积极和一些传统的IDC厂商、服务器厂商进行沟通，希望能利用它们空余的带宽和服务器，加上UCloud的技术来实现IaaS平台。这项工作进行得很顺利，在零服务器购买的情况下，UCloud使用合作伙伴IDC的大量带宽和服务器实现了平台开发、小范围内测。

在产品不断完善的情况下，UCloud逐渐和国内的一些IDC公司、服务器厂商达成了战略合作，多方一起投入，联合运营联合分成，解决了重资产、高投入的问题。同时，也利用公有云所具有的自助化、自动化、成本低的优势进入私有云市场，为用户搭建和运营私有云，短期获取更多收入。

如何定位自己的公司

当过有名的黑客，给华为、腾讯、盛大打过工，如今自己再出来创业，想打造一个什么样的公司？这是很多人都会问季昕华的问题。

季昕华认为，其实创业公司的文化本质上还是创始人文化，因为创始人身体力行，这种文化才能被承担并建立起来。比如在腾讯，马化腾一直关注产品，张志东一直关注用户，这样推行到整个公司才能形成一种文化。

季昕华细数了在UCloud一直坚持着的三点原则。一是服务用户。云计算本身是一种服务行业，公司必须了解用户的需求，把他们的需求变成产品，然后服务他们，这是UCloud核心的，也是首要的目标。二是创新意识。整个行业在不断发展，尤其是移动互联网。这要求团队必须应对变化，进行创新，而创新首先是基于用户需求的创新，因此团队要做的创新并不是凭空的创新。三是整个团队要有主人翁意识。UCloud这两年发展很快，有100多人了，要让团队更有凝聚力，让大家有"这个公司是我们自己的"这个意识。

此外，季昕华提到，创业过程中也面临着很多挑战，很辛苦，但也很有意思，每天、每个时期会遇到不同的问题。比如，刚开始创业，没钱，没人气，没客户，没产品，你怎么能招到人？所以这时候最大挑战是如何让人相信你。

接下来，是打造可靠产品的困难，再接下来是找客户困难。再接下来，用户有了，你得找钱扩大规模吧，融资又是一大难。当然了，每过一关就像打游戏一样，很有成就感，但这个过程中，创业者少不了激情和坚持。

| 快问快答 |

问：你的企业什么时候度过了生存期，进入了成长期或是发展期？

答：UCloud 已经度过生存期。

问：生存期的创业者最应该思考什么问题？

答：了解客户需求。

问：在生存期最应该做好哪项业务？

答：技术。

问：创业者应该具有怎样的心态？

答：乐观、开放。

问：有了相应基础，如用户、资源、客户等，再创业是必需的吗？

答：必需的。

问：什么情况下您觉得必须要创业了？

答：实现理想的时候。

问：生存期内，每天最头疼的问题是什么？

答：人员、资金和客户。

问：创业初期应该预设创业的结局吗？

答：会预设，上市等。

问：您认为什么对创业最重要？钱、人、技术？

答：对于 UCloud，人可能是最重要的。

我与双创：
双创人物先锋称号

7月19日，2018中国创业创新博览会举行"中国双创年度人物"颁奖，国内领先中立云计算服务商 UCloud 创始人兼 CEO 季昕华凭借在助推国家双创工作中的努力和实践，被授予2018中国双创先锋人物荣誉称号。

季昕华一直积极为国家双创事业建言献策。今年5月，上海市委书记李强主持召开上海中小型科技企业座谈会，与上海科技企业家代表座谈交流。作为上海云计算产业创新的杰出代表，季昕华参与座谈，发表了对上海科技创新发展的看法和建议，一起提出打造"未来产业联盟"的构想，并已在6月份实现落地，将打造一个具有创新力的平台。

季昕华也凭借在助推国家双创工作中的努力和实践，获得"2015上海十大互联网创业家""福布斯杨浦创新创业人物""上海市职工科技创新标兵""2015最具行业领导力人物""人民网上海互联网创业导师"和"2018'创青春'上海青年创新创业大赛梦创导师"等荣誉。

季昕华认为，双创有四个方面的价值。首先可以让创业者有机会汇聚一堂，了解市场趋势；其次是政府领导者对于双创企业的重视，有助于创业企业拓展市场，获得各地政府的帮助；再次，客户也能通过各种渠道了解到创业企业的服务；最后，聚集在一起的创业者可以互相交流经验。

季昕华表示，UCloud 作为创业公司，也更懂创业者的需求，所以一直致力于为更多创业者提供服务，比如客户中有一家是做同性交友网站的，由于创始人和团队不懂IT技术，所以网站搭建比较困难，不过在使用云计算之后，这个社区很快就建立起来了，因此任何一个人只要有想法就可以实现，这就是双创的价值。

未来，UCloud 将在季昕华的带领下，进一步提升研发能力，整合内外部资源，把更多具有市场价值的创新成果转化为产品，积极构建创新创业生态，树立中国互联网领域创新创业的典范，履行"通过云计算帮助梦想者推动人类进步"的企业使命。

第八章　凌云电动汽车

祝凌云：你的初心是什么？守住她

北京，亦庄，凌云智能电动汽车办公楼下，八月的北京酷暑难耐。

祝凌云穿着牛仔裤、白色 T 恤从电梯里走出来，和我们微微招手、点头。如果不是脸上略有年龄的痕迹，抑或是网络上看到过他的照片，你不会把眼前这个人和网络上那些炫酷的科技极客创业的新闻联系在一起。他更像是一个每天奔忙在实验室、家庭之间的中年男人，而不会做出那种"世界上还没有人要做，但是我认为我可以"的事情。

与那些衣着光鲜、西服笔挺的创始人不同，祝凌云给你的笑容好像大学时期的理工科男生，不善言辞而又让人踏实。对此，祝凌云说，我很清楚我的缺点，就是内向、不善表达。

很多时候一件事不是一直有希望，而是一时间陷入困难，坚持下去了又能够解决问题，希望再次出现，螺旋式地上升。——祝凌云

北京凌云智能科技有限公司 2014 年成立，2016 年参加双创周相关活动

2016 年，凌云汽车参加全国大众创业万众创新活动周会场活动。在会场上，其独立自主研发的两轮汽车让人印象深刻，引发无数媒体的追捧。2018 年 4 月，凌云汽车正式发布新款两轮电动汽车，这也是凌云智能旗下首款具备真正上路行驶能力的车型。

"你这个事情做成的概率为零"

北京凌云智能科技有限公司成立于 2014 年 1 月，专注于两轮电动汽车整车开发，是未来城市出行方式的探索者。公司成立之初便获得云天使和极客帮的天使投资。从创立至今已经过去 4 年了，凌云汽车团队也由最初的 4 个人扩充到了 30 多人。然而当问到生存期问题，祝凌云表示："我们还没有度过生存期，如果说解决生存期是从 0 到 1 的过程，那我想，我们可能是走到了 0.5。"

这个 0.5 来的并不容易，也超过了祝凌云团队预期的三年。

最初想做两轮汽车是一个偶然的机会。2013 年，祝凌云看到福特（Ford Motor Co.）汽车 1961 年利用陀螺仪来保持平衡设计的一款两轮汽车，当时就被深深吸引。讲起制造两轮汽车的初衷，祝凌云坦言，自己是一名爱好科技的"极客"，对速度、力量有着狂热的追求。"当时我就觉得，这一定是未来出行的一种新模式，是一定会成功的。"祝凌云说，决定做这件事情很快。

当时和一个投资人朋友聊起两轮汽车的想法，他给的评判就是："凌云，你做这个事情成功的概率不是几乎为零，不是接近零，而是就是零。"第一，技术。这个概念 100 多年前已经有人提出来，但是到现在技术上没有解决方案。第二，产业化。汽车是批量化产品，产业化复杂，产业链很长。第三就是资金。作为一个重资产的行业，投入很大。第四就是法律政策。全世界没有先例。上面这 4 点，每一点要做成都很难，所以成功概率是零。

当时听到这样的评价，祝凌云有没有想过算了？

"我想，如果创业路上真的做不下去了，对我来说可能只有两个原因。一个就是资金链彻底断裂，没有钱了，尽自己全部所能也不行。还有一个就是大家觉得这件事情不该做，做不了，市场上没有希望。"祝凌云说，创业路上会遇到重重困难，但是不忘初心很重要。

"对于我来说，初心就是做出两轮汽车，做出成熟的产品，解决未来城市出行的问题。既然决定做了，那么这些困难，一一克服。"

最大的困难不是钱

从来没有人认真做过两轮汽车，国内没有，国际上也没有。这种局面的好处固然是能够获得更多的关注，然而由于无处可以借鉴，祝凌云团队在"突破技术困难"的道路上走的弯路，"多了去了"。

当决定要造这么一辆两轮电动汽车之后，这个只有 4 个人的团队花了不到 200 万就在半年时间内做出了第一台样车。在这个四人团队里，工业设计、机械、电控的负责人分别来自于奔驰、长城、现代；核心平衡系统的小组则主要来自于中国航天。

最初的时间里，困扰着他们最大的问题还不是钱，而是面对两轮汽车这个物种，根本没有什么设计可以参考。查遍互联网也没有多少有价值的资料，用两眼一抹黑来形容一点都不为过。

在创新的过程中，祝凌云团队曾经找过很多科研院所、高校。高校做科研就不是很聚焦，而企业做科研是一种手段，最后的目标是产品。在产品化方面，凌云汽车有明确的方向。

2018 年发布的凌云两轮智能汽车

两轮汽车的核心技术是平衡,这是传统汽车所不具备的。平衡依靠的力矩陀螺,是凌云汽车的核心器件。"目前这种需求的机械陀螺还是没有的。"祝凌云介绍,目前全世界只有两种商用场景,一种是航海,多用于游艇的减摇;一种是航天,用于卫星或空间站的姿态调整。"我们知道,这个东西一定很难,自己干估计悬,如能采购到最好。"前者的主要供应商是日本三菱和美国Seakeeper,了解过之后我们心凉了。首先是价格区间在几万美元到几十万美元,我们承担不起,另外体型也相当笨重,不适合车用。后者就更夸张了,国内航天院所报价六百多万,至于进口的我们都没敢去问。"最后的决定就是:自己干。因为发现最适合我们产品的技术,还是要靠自己解决。过程中的艰辛就多了去了,就说电机的选型,几乎试过了所有的类型,最后堆到墙角有一大堆。"

"很多时候一件事不是一直有希望,而是一时间陷入困难,坚持下去了又能够解决问题,希望再次出现,螺旋式地上升。"祝凌云说,决定创业更多的时候是需要感性、冲动,还有一些不冷静;创业之后需要更多的决心和信心,百折不挠的精神。

你的初心是什么?

"我原本计划三年的时间把样车做出来,结果发现不行,这个时间远远不够。怎么办?只有根据当时的情况进行调整,要坚持住。"

梦想,大于实际。

在采访祝凌云的会议室墙壁上,挂着一幅"天道酬勤"的书法作品。每每看着眼前这位创始人,又想想超前的两轮汽车,忽然觉得这四个字原来并不仅告诉我们要"坚持",也告诉我们如何真正尊重理想。

祝凌云说,如果改变方向,短期内可能可以过得很好。但是他始终对两轮汽车保有信心。"哪怕是现在只要能过得去,甚至条件下降十倍,只要人的生存、吃住能保持的话,我觉得就应该一直去做。"

与一般此类的创业公司相比,凌云汽车的宣传不多。祝凌云也说:"我很清楚自己的擅长,是从0到1技术、产品这一块,后面的市场、销售、法律法规都不是我的擅长。我的想法是把从0到1做好,这就是一切的基础。我会找相关专业的人来做这些事情。我不善言谈,性格又比较内向,我比较感兴趣的是科技本身。"

有很多人认为，搞技术的人不适合创业，对此，祝凌云说："不管你专长于技术还是市场，只有在这个前提下才能够把事情做好。我觉得最重要的一个东西就是你的初心。你能不能把自己最初的想法一直做下去，而不是跑偏了。"至于企业的发展，凌云汽车经过几年的发展，也已经具备了造血的能力。

截至目前，基于强大的研发团队，凌云智能两轮汽车已在中国和美国成功申请了60多项专利。与此同时，凌云智能两轮汽车十分重视软实力的建设，获得了中关村高新技术企业、国家高新技术企业等称号。"其中很多专利和技术，都可以拿来应用，市场也有需求。"祝凌云所说的造血机制，也在逐步建立。

尽管如此，祝凌云仍认为他们的企业目前还没有到达"1"这个阶段，可能还需要两年左右。两年的核心任务还是把一完成好，达到实用阶段，让大众认可。特别是牌照问题和政策法规问题，这也是大多数99%的投资人不愿意投的原因。我们的车在技术、可靠性、安全性都还可以，这对于推动政策法规的实施是最有效，而通过其他手段来推动，反而没有什么效果。因为全世界都没有先例。我们的方法比较慢一些，但是我们觉得慢才是快，特别是既然选择了"0到1"这么一个新事物，传统商业上的市场、营销、推广，在新事物上都不太实用。

在招募人才的过程中，祝凌云更需要扎扎实实的技术工程师，对于看起来"高大上"的人才，祝凌云说，企业发展的阶段不同，那种人才可能不合适。"即便这个人来了，他发挥不了自己的能力，也很难留下来。人才方面我觉得合适最好。"

我们的团队既然来这里了，就是来追逐梦想的。

大家都不太理解从0到1的过程

自从《从0到1》这本书被视为创业圣经以来，"从0到1"这个概念深入人心，好像只要创业就是从0到1。

不同的是，凌云汽车的从0到1更加艰难，也更加具有开创性。现在创业有两种模式，第一种是国外有比较成功的案例，我们把模式或产品借鉴过来，在国内再做。因为有了对标，这种就更容易理解，也就更容易获得认可，融资、市场都相对容易。第二种是完全新的东西，对标产品没有，市场都不知道，也不理解，甚至从未想过。"我们肯定是属于第二种，不但国内没有，全世界也没有。"

2018年发布的凌云两轮智能汽车

祝凌云淡淡地说："我觉得国内的科技创投圈，其实多数人还是不理解从0到1这个区间。"究竟什么是从0到1呢？"最直接的判断标准就是新事物的形态已经相对成熟，它的应用场景可以比较准确地判断。"祝凌云表示，从0到1的过程其实很漫长，做了4年多，其实就是在做基础科研，按照这个速度，如果从投资人的角度来说很漫长。对于创业公司来说，一般从公司成立开始，就要考虑市场定位、人才、布局，未来的设想，甚至什么时候上市。"我觉得为时过早。"相对一些创始人总是热血沸腾，祝凌云显得很镇定。

有统计显示，真正最后成功的创业公司，其中90%的商业模式可能并不是一开始创立出来的。特别是像凌云这种以前从未有过的，周期又比较长，不能按照传统模式来。在祝凌云看来，未来是什么样，现在不好判断。然而最根本的判断标准应该是是否符合社会发展需要，至于将来是一个什么样的商业模式、表现形态，当下还说不出来。"我始终觉得，真正的风口都不是追出来的，最接近风口的办法就是你坚持做自己喜爱、自己擅长的事情，也许有一天历史车轮和你做的事情重合了，这就是风口。"

伟大的创造往往都是感性的因素更多

"决定是不是做一个创业项目,第一是兴趣、感性和冲动来决定。第二是和人的认知、经验都有一定关系。到了我现在这个年龄,我都已经40岁了,按说算是高龄创业者。如果再让我选择是不是要做两轮汽车,我可能就不会做。"祝凌云脸上经常没什么表情的变化,一直很沉静,但每每问到关于"做两轮汽车是否存在重重阻力"这样的问题时,他的回答都异常坚定,让人感觉到一种力量。唯独这个时候,他说出了这样一番话。"因为这两年,随着了解的信息越来越多,遇到的苦难越来越多,越知道这个事情的艰难。"

祝凌云是一个极客,此前做过平衡车、超大功率手电、各种各样新奇的玩意儿。"我做任何一件事情,都是在我个人的兴趣爱好基础上。即便一件事情可能收益不错,但是如果我自己不感兴趣,我是不会去做的。"他自我评价说自己是一个科技粉丝,从小就对宇宙的诞生、黑洞、超自然力量、时空穿梭非常痴迷。

很多人认为这种科技极客更适合发明创造,而不适合去创业。对此,祝凌云说:"我去做一件事情并不一定是因为有商业利益才去做,只要让我的内心能够迸发,我就去做。有时候创业本身就需要更多的热情、冲动、非理性,天真一些傻一些。"

在创业时我没有考虑太多的出发点,第一就是自己是否感兴趣。第二就是真的能给我们的交通出行带来更多的解决方案。我认为首先是把你的梦想实现了,这个梦想是有社会价值,能够造福社会的,商业价值就会追着你来。

有些意料之外的是,对于凌云汽车这个更像"梦想"的项目而言,获得投资也并没有那么难。对此祝凌云总结说:"我觉得作为投资而言,我感觉更多的像押宝下注,其实最优秀的投资人往往是感性的,觉得符合自己的认知和对未来的预期,就会投资。"

| 快问快答 |

问：您认为创业者做出创业的选择，是性格使然，必定的吗？

答：对于我来说应该是的。

问：您认为企业在创业初期最重要的是什么？

答：你的初心，想想为什么要做这件事。

问：您认为企业在创立之初，创始人最重要的能力或者说素质是什么？

答：我觉得最重要的一个东西就是你的初心。你能不能把自己最初的想法一直做下去，而不是跑偏了。

问：能否说说您认为创业最艰难的是什么？

答：很多时候一件事不是一直有希望，而是一时陷入困境，坚持下去了又能够解决问题，希望再次出现，螺旋式的上升。

问：与市场、融资、领导团队等素质相比，您认为您的技术能力在这些能力中是最牛的吗？

答：我自己可能更擅长做出产品，成熟的产品。其他的我们会找专业的人士，在合适的时间做。

问：您认为凌云汽车是什么时候度过了生存期，进入发展期？您认为应该怎样定义企业的生存期和发展期？

答：我们还没有度过生存期。最直接的判断标准就是新事物的形态已经相对成熟，对它的应用场景可以比较准确地判断。

问：企业的发展路径，比如做到什么规模、做到行业第几、上市或是被收购等，应该是在创立之初就有清晰的规划吗？您是怎么考虑的？

答：随着发展，随着现状不断调整。

问：企业应该何时开始重点考虑盈利问题？凌云汽车从何时开始考虑盈利问题？

答：在创业时我没有考虑太多的出发点。第一就是自己是否感兴趣。第二就是真的能给我们的交通出行带来更多的解决方案。我认为首先是把你的梦想实现了，这个梦想是有社会价值，能够造福社会的，商业价值就会追着你来。

我与双创：
双创周是国家重视未来科技发展的表现

2016 年，凌云汽车参加了全国大众创业万众创新活动周的主会场展示活动，当时的两轮汽车进入了双创周展厅。在主会场上，他们重点向前来参观的人表达两轮汽车的一些优点：首先是平衡性好，机械陀螺及其平衡系统，即使因撞击而凌空飞跃，车身也不会翻转；然后是灵活性好，车身小，具有很强的机动性；此外性价比高，相对于四轮车，材耗少、能量消耗低，不到四轮汽车的三分之一；还包括舒适性好，转弯时无侧倾感，颠簸震动少，胎噪风噪小；最后是充电便捷，分组式热切换电池组（可插两片以上），单片续航在 50 公里以上，普通家用 220V 即可充电，摆脱充电桩的束缚。

通过参加双创周的有关活动，他们提升了影响力。人们知道，原来汽车还可以有这样一个品类，还有人在做两轮汽车这个东西，市场也对他们有了一些认可。祝凌云记得有人后来和他们说，把自己的梦想变成现实就是创业成功了，现在社会整个大的环境对创业创新很支持、认可，对我们这种新东西的容忍度也很高。在 10 年前，他们的两轮汽车可能是上不了这种规模的活动的。双创周就是国家重视基础科研、重视科技未来发展的表现。

他在想，创投市场现在蓬勃发展，创新创业也被人们所熟知，投资机构以获取收益为导向没有错，但是如果仅仅以赚钱为导向，可能不能很好地推动国家的发展和进步。他建议所有的投资机构，拿出 15% 到 20% 投入到基础科研领域；国家能有强制的政策推动市场这样做。往往对国家很重要的一些基础科研的项目，没有人去投，也没有人去关注。现在的基金生存期大多是 4 年，6 年、8 年就算很长了，但是从 0 到 1、着眼于未来的基础科技项目，可能要以 10 年、20 年为周期来看。我觉得创投市场还是应该拿出一部分精力，着眼于未来，期待能够出台有关的创新创业政策。当然这属于社会资源的一种配置，他只是觉得应该这样考虑。

高成长性企业：
两轮汽车，不只是炫酷

2018年4月，凌云两轮电动汽车发布。汽车采用全铝底盘和碳纤维材质车身，整车重量仅400公斤。在车身尺寸及外形上，凌云两轮电动车车长2994毫米，高1505毫米，宽935毫米，体积不到普通车辆的一半。

在动力性能方面，其耗电量为5度/百公里。可以实现自动驾驶，目前凌云两轮电动汽车的内部实测速度已达100公里/小时，并且采用插拔式电池组，可在家庭环境下充电。同时，该车只有一前一后两个轮子，静止与行驶状态下稳定不倒。该车的最大核心技术在于机械陀螺仪，其自平衡技术可使转弯带来的倾斜力被抵消，达到行车茶杯滴水不洒，平稳行驶，大大提升驾乘舒适度。在安全性方面，凌云车使用的控制力矩陀螺，受到外力碰撞时，力矩陀螺会自动调整，确保车身平衡，保证乘驾人员的安全。

凌云两轮汽车展示的车型首次取消方向盘，搭载24英寸曲面屏，可通过鼠标操控汽车，且无电门，车舱内唯一能够进行机械控制车辆的操作是刹车踏板。之所以选择取消方向盘，采用鼠标操控汽车的解决方案，是因为汽车的操控其实用"前后左右"就能完成展示其运动状态。通过鼠标操控汽车可以完全解放驾驶员的左手和左脚，这种体验也是传统汽车所无法做到的，而科技的进步就是为了提供给用户便捷舒适的体验。目前，仅有来自美国的Lit Motors正在研发两轮汽车，但还没有进入公开路试阶段，更远远不能实现量产。相比之下，敢于对外公开试驾的凌云智能两轮汽车走在了行业的前面。

第九章　银河水滴

黄永祯：谁说科学家不能创业

我国每年产生那么多科研成果，发了那么多篇论文，为什么市场上不见高科技的产品？科学家创业，他们能在实验室里做研究，他们能搞懂市场吗？一直以来，这两种声音一直充斥着科技领域。

高校和科研院所一直是双创的重要主体。与企业不同，科研院所发展双创，其核心任务是解决科技成果转化难的问题，通过搭建一批人才培训、成果转化、公共研发服务等支撑平台，解决科研人员创新动力不足、创新教育相对薄弱、人才培养和流动方面还存在的一些障碍等问题。2015 年以来，中科院出台多项政策和举措推动创新创业，2017 年更是有 10 家中科院下属科研院所被评为第二批双创示范基地，为其他高校和科研院所做出了示范和引领。

> 我们许多刚从科研单位出来的人，总想着做最牛的最好的产品，往往忽视了市场最需要的产品。
> ——黄永祯

银河水滴科技（北京）有限公司 2016 年成立，2018 年参与双创周相关活动

2016 年 1 月 25 日中国科学院自动化研究所出台了一项政策《关于技术团队离岗创业的暂行意见》（以下简称《意见》）。该《意见》的推出是在落实我国双创战略的背景下，"国"字头的科研机构为提高科技成果转化的质量和效率进而出台的。在《意见》发布后，中科院自动化诞生了多家人工智能技术的创业公司，银河水滴科技便是其中之一。

银河水滴科技公司以"步态识别"作为核心技术，希望可以撬动人工智能在安防领域的商业化。步态识别是近年来一种较新的生物认证技术，是通过人的走路方式来识别人的身份的方法。作为一项新技术，银

河水滴在 2018 年大众创业万众创新活动周上亮相。黄永祯是这家公司的 CEO。作为一名中科院自动化研究所的副研究员和一家创业公司的 CEO，他又有哪些创业经历可以分享？2018 年双创周人物风采录采访组走进银河水滴科技创始人黄永祯，聆听他的创业故事。

没有政策，我依然会离岗创业

　　2013 年，百度举办了一场竞赛。黄永祯团队提交了一段人形分割的代码，拿下百度悬赏的 20 万元奖金。在此之后，很多企业找上门来，要跟中科院自动化所合作，随之而来的是"不菲"的收入。黄永祯自然感觉到了市场在悄然升温，内心亦萌发了创业的冲动。2015 年，黄永祯开始着手研究人工智能的产业化运作。

　　2016 年初，随着"鼓励科研机构转移转化科技成果"政策的出台，中科院自动化所鼓励科研人员离岗创业。黄永祯第一批报了名，用他的话说，"这个政策像是为我量身定做的"。6 月，银河水滴科技（北京）有限公司正式注册成立，从此，黄永祯的身份从副研究员变成了 CEO。

2018 年银河水滴参与双创周相关活动

　　从实验室走到市场，是黄永祯身份的变化。这位昔日的学霸，一开始接触市场有些发憷。黄永祯介绍，在公司最开始成立后，他发现自己要学习了解的东西很多，特别是在之前并不熟悉的领域里，必须快速学习让自己达到一定的熟悉的程度。

　　"打个比方，之前我在所里的时候很少接触商业上的法律知识，但是在公司的创办和运营过程中，争取投资、与他人合作、竞争，都会遇到很多法律问题。投资方给我一个将近100页的文件，光是把里面的法律术语全部看懂，可能几天时间就耗完了。这就需要快速把短板补起来，不管我是通过和顾问的讨论还是请教专家，但总归要自己弄明白，不能自己不明不白就把字签了。这样的知识的短板在创业中会不断碰到，需要快速的补齐。"黄永祯说。

此外，黄永祯发现另一个困难就是管理上遇到的问题，研究所和公司管理的方式不太一样。以前黄永祯在所里带学生做科研，主要就是想着和大家一起怎么读论文，找想法，发文章。而现在管理一个创业团队，需要权衡各方面的利益，不仅有经济上的，还有精神上的。黄永祯不仅要想着怎么样使大家都达到一个良好的状态，管理好大家的期望，还要开始观察每个人的特点，以将其安排到合适的岗位上。

每个公司的情况不同，在管理上也很难有一个现成的模式可以照搬，这就要求CEO在这个过程中不断去琢磨，不断调整管理方式，找到最适合团队的方式，同时不断结合当前的状况去思考和调整。在2017年底，银河水滴人事经历了一次变动，早期一起参与创办银河水滴的团队成员有的离开了，这也让黄永祯十分感慨，"创业如果要拉朋友一起做的话，一定要在创业初期谈好一切"。

谈起创业的困难，黄永祯认为，管理团队要考虑的维度更多，除了技术还有产品，还要考虑财务、市场，等等。即使在技术方面，创业公司和研究所也有所区别。

黄永祯说："研究所基本上是以研究为导向，但在公司，技术方面绝对是以产品为导向的。一个好的研究，不一定能转化为一个好的产品。团队就要从好的研究中，筛选它是否适合你。比如，研究成果精度很高，但是速度不行，可能是无法做成产品的。这些东西在研究所的时候就考虑的比较少了。在研究所和公司，面对的时间、压力等因素都是不一样的，公司就要求相对较短的时间里看到效果。"

在了解了市场后，银河水滴的创业团队尝试把两者的优势结合起来，把学术界最先进的成果应用到产品之中，改进产品的性能。黄永祯介绍，他们把之前一篇做"关键点估计"的学术会议文章应用，实现了快速高精度地把人体的每一个关键点都标注出来，基于这些关键点，再去细致分析它的特征。这一方法对提升识别的精度有不小的帮助。还有早前在脸书（Facebook）公开了做超大规模的搜索的代码，银河水滴在使用公开的代码之后，大规模搜索的速度得到了极大的提升。

创业两年至今，黄永祯依然觉得当初离岗创业的决定是对的，即使创业之初遇到各种不适应的状况，他的创业激情并未减少。

技术再"牛"也要看市场

除了要掌握运营公司的能力，黄永祯还要面对科研成果如何转化成商业价值的问题。黄永祯认为，有产业价值的科研首先要解决生活中的实际需求，形成完整的产品或服务，使它能够实际发挥用处。"步态识别有非常大的潜能去开发各种各样的市场，但前期是要把产品体验打磨好。"黄永祯说。

对于步态识别，两年前上映的大片《谍中谍5》中，虽然阿汤哥一行人戴上了精心制作的面具，但还是未能逃脱安保系统的最后一道屏障——步态识别检测技术。在步态识别系统面前，技术奇才班吉一筹莫展。影片中的步态识别技术作为黑科技，给观众留下了深刻印象。

然而，让银河水滴的步态识别技术走入公众视野的是CCTV-1的大型科技挑战类节目《机智过人》。在当期节目中，银河水滴的步态识别，接受姚期智（图灵奖得主）、撒贝宁、江一燕、徐颖等组成的机智见证团现场鉴定，与《最强大脑》记忆大师袁梦PK，识别10个身高体型相似的"嫌疑犯"、21只体型毛色相似的金毛犬以及金毛犬剪影，对人工智能步态识别技术发起最严苛检验。通过对其步态的识别，最终银河水滴经受住了考验，根据前期积累的分析"人"的能力和经验，机器的迁移学习能力成功实现了举一反三，最终找到被嘉宾选中的金毛犬。

把实验室的技术转化成社会需要的新产品，这本身就不是一件容易的事情；如果转化的技术是一项最前沿的尖端技术，那转化之路则是难上加难；而假如还要通过创办一家企业来完成技术转化，那就更是一项具有挑战性的工作了。因为要转化的是一种别人没有的产品，甚至是世界上都没有的产品。

"这是一个难点,以技术创新为主导的公司,如何从技术型转型成为一个成熟的商业公司,是我们需要突破的方面。谷歌也是技术型企业,现在发展成为商业帝国,也是一个转型的过程。"黄永祯说道。

对于科研技术团队出身的银河水滴而言,商业运作并非其所长,黄永祯也感受到工作方式的巨大反差。他表示:"我们在人才、技术、资金方面状态都不错,市场营销是一个短板,现在也在招聘这方面的人才。但是商业模式不会一直是劣势,我们正在补齐。"黄永祯说,科研工作坐10年冷板凳也是常有的,但是商业不能如此,任何问题出现,要么用成熟的方式解决,要么用创新的手段。

黄永祯现在正逐渐把注意力放到市场需求上。"我们许多刚从科研单位出来的人,总想着做最牛的最好的产品,往往忽视了市场最需要的产品。"黄永祯说。意识到这一点之后,经过两年的发展,银河水滴才算有了用户真正愿意买的第一代产品。这个智能产品不大,主要是靠软件取胜,它的硬件就是一台单兵警用视频分析设备。

目前我国的公安系统在通过视频资料寻找犯罪嫌疑人时,主要是靠密集型人工劳动。那么,如果能用人工智能帮助寻找就可以减轻公安民警的工作负担。2018年3月,银河水滴与中国公安系统合作,首次利用步态识别技术搜检犯罪嫌疑人。结果显示,步态识别技术不依赖人脸、指纹等信息,可以快速锁定目标人群,并确定嫌疑人范围。人工智能技术的应用,大大减少了人工视频搜索的劳动。北京市公安局丰台分局反恐怖和特巡警支队表示,步态识别技术在反恐和公共安全领域的实际应用有重大意义,希望借助步态识别技术保一方平安。

在把步态识别技术制造成产品之前,要有资金支持技术市场化。2016年初,黄永祯开始融资。联想集团了解到黄永祯的投资意向后,对他及步态识别技术进行了严格的调研及审核。黄永祯说,当初拿到联想领投的资金十分顺利,就是在阅读合同的时候花费了一些时间。"拿到6000万元时,银河水滴只有10个人,那时候我们还想过靠着6000万怎么也能过好几年了,但是没想到,将技术应用到市场的过程还是十分耗时耗力的,这也正体现我们创业的价值。"黄永祯说。

由于技术领先,投资公司很看好黄永祯的创业公司。他第一轮融资时就从联想创投、中科智能两家机构获得了 6000 万元的天使轮融资。银河水滴虽然极其年轻，但公司的技术积淀极其深厚。黄永祯所在的团队，在步态识别领域已经潜心研究了 16 年；而黄永祯本人，在计算机视觉领域已经有了 10 年的积累，他从来都对技术十分自信。

你的产品能帮助客户什么

在我国科研领域，人们经常会遇到一个问题，那就是如何将技术转化为市场需要的产品。每年，大量研究成果甚至专利只能躺在库里，而无法发挥它们的价值。"我们的产品真正是市场需要，一线人员需要的，这才是真正发挥了顶级技术的价值，商业利益自然也会随之而来。"常识现在是银河水滴的市场部总监，据介绍，公司研发的安防行业所需产品，客户已经排队订购。

黄永祯认为，步态识别相对于其他生物特征识别方式在面对市场需求时有诸多优势。首先，因为步态识别用的是全身的特征，可以达到更远的识别距离，在普通高清 2K 分辨率的摄像机下面，可以达到 50 米以外的识别；其次，因为用的不是人的正面特征，可以实现 360 度的识别，正面、侧面、背面都可以识别；最后，由于它用的是全身特征，所以它可以做到非配合式识别。

目前世界上唯一一个将步态识别技术商业化、实用化的公司就是银河水滴。科学家和市场销售人员让这种以前只能在电影里看到的高科技服务于现实的生产和生活。目前，银河水滴公司已经将这项技术成功应用于刑侦、反恐、智能家居、机器人等很多领域。

银河水滴在研究基层技术时，就有了将技术应用于行业的想法，因此有相当长一段时间用户的积累。"如何进一步提升信息化处理能力，更好地把有价值的信息挖掘出来，把他们关联起来，提升一线战警的办案效率？"为此，团队进行了大量工作。常识介绍，团队走访了上百个一线干警、支队长，研究他们现在的破案过程，他们现在是用什么产品？中间有哪些问题？"我们的资料，有一人来高那么厚。"常识说，需求一直存在，只是需要帮助客户提炼出来。"我们要对客户的需求、实际工作场景非常了解，甚至比客户还了解他们的需求。"几个月过去，水滴的第一个原型做出来给干警试用。"这就是我们想要的！现在就给我做出来，钱我立刻打给你！"客户看到效果，受到很大震撼，第二天就主动拿来了大量一线视频数据，帮助公司进一步完善产品。

银河水滴是中科院孵化出的科技创业公司的一个缩影。中科院科技发展促进局局长严庆介绍，国家大力推进大众创业万众创新工作以来，特别是新的科技成果转化法修订颁布后，中科院通过加速科技成果转移转化，引导科技人员积极投身双创，并在三方面重点开展了工作。一是与国家发改委积极推动科研院所类国家双创示范基地建设，进一步开放现有科研设施和资源。同时推动院属单位建设专业化"众创空间"等双创支撑平台，打通应用技术走向市场的"最后一公里"。二是与科技部联合印发了《关于新时期加快促进科技成果转移转化指导意见》，明确科技人员创新创业的权利和义务。进一步完善相关评价体系，将科技成果转移转化的绩效作为相关院属单位创新绩效考核的重要指标。三是推动设立中国科学院科技成果转移转化基金，重点投资前沿科技的早中期项目。

| 快问快答 |

问：你的企业什么时候度过了生存期，进入了成长期或是发展期？

答：创业企业一直都在生存期。

问：生存期的创业者最应该思考什么问题？

答：满足市场的需求。

问：在生存期最应该做好哪项业务？

答：如何让技术市场化。

问：创业者应该具有怎样的心态？

答：补齐短板。

问：有了相应基础，如用户、资源、客户等再创业是必需的吗？

答：是必需的。

问：什么情况下您觉得必须要创业了？

答：看到技术应用市场的机会。

问：生存期内，每天最头疼的问题是什么？

答：与市场契合。

问：创业初期应该预设创业的结局吗？

答：有IPO的计划。

问：您认为什么对创业最重要？钱、人、技术？

答：都很重要。

我与双创：
步态识别初次亮相双创

10月9日，2018年全国大众创业万众创新活动周在成都启动，步态识别领导者银河水滴，经过三轮专家评审，成功从2200多个项目中脱颖而出，亮相2018双创周成都主会场。

银河水滴创始人兼CEO黄永祯博士参加了启动仪式。黄永祯介绍："步态识别技术具有识别距离远、无须识别对象主观配合、步态难以伪装等优点，可以广泛应用于安防、智能家居、机器人、医疗等行业，能有效弥补肉眼和其他生物特征识别技术的不足。银河水滴将不断提升步态识别技术优势，更好地为社会服务。"

在2018双创周现场，银河水滴向公众深度展示了步态识别的技术原理、产品和应用。参会领导和观众都对步态识别这项崭新的黑科技充满了兴趣，纷纷走到摄像头前，用各种走路姿势向这项高科技发起挑战。步态识别的"火眼金睛"不负众望，都能将挑战者识别出来。即将上市的全球首款步态识别产品——银河水滴人脸步态智能检索一体机也得到广泛关注和好评。该产品可通过步态识别迅速锁定目标人员，加快案件侦破速度，提高公安智能化水平。

相比其他生物特征识别技术，步态识别优势明显。指纹识别、虹膜识别和人脸识别都对识别对象的距离有严格要求，而普通2K摄像机下，步态识别的识别距离可高达50米；步态识别无须识别对象主动配合，即便一个人在几十米外带面具背对普通监控摄像头随意走动，步态识别算法也可对其进行身份判断；最后，步态难以伪装，不同的体型、头型、肌肉力量特点、运动神经灵敏度、走路姿态等特征共同决定了步态具有较好的区分能力。

第十章 深之蓝

魏建仓：创业，选择最难的事，和自己竞争

抱着不能让投资人赌输、做事要做到底的态度，深之蓝坚持了下来。
——魏建仓

天津深之蓝海洋设备科技有限公司
2013 年成立，2015 年参与双创周相关活动

2018 年 8 月，双创周人物风采录采访组来到了深之蓝海洋设备科技有限公司。提到无人机，在人们的传统意识里，它主要是天上的航拍工具。殊不知除了上天，无人机居然也可以下海，带领我们探索水下的未知世界。

2013 年，一家主攻工业级水下机器人设备的科技企业——深之蓝在天津创立。创立 5 年来，深之蓝围绕海洋资源探测和海洋环境监测两大主题，面向社会提供无人遥控潜水器（ROV）、自主水下航行器（AUV）和水下滑翔机（AUG）等小型化水下运动平台，其水下机器人主要面向军用和工业级市场，用于水下打捞救援、水下工程、桥梁大坝检测、海洋工程、海洋环境科学考察、水下摄影等诸多领域。凭借着这些傲人的成绩，深之蓝参与了 2015 年双创周活动。如今，深之蓝已经是国内知名的水下机器人品牌，代表了国内乃至全球的一流水平。

即使再难，也要做水下机器人的全平台

魏建仓在创业之初，给深之蓝的定位是"一个全系列的小型化、智能化水下运动平台"。魏建仓解释，"小型化"的定位是相对于蛟龙号、潜艇等水下大型设备而言的。同时，他认为，智能化是必需的，因为这一特性能够填补需求与成本之间的鸿沟。

魏建仓早年在部队工作，凭借着部队研究所 10 年的研发经验，从部队退伍以后创办这家公司。魏建仓在部队工作的经历让他了解到水下装备领域的市场空白。原来水下设备的成本都非常高，且大多是军方在使用，很多行业根本无法使用。魏建仓看到了这个机会，于是决定做小型化水下机器人。他认为，相比于大型水下设备，小型水下机器人在能力上是有所欠缺的，所以他用"智能"的东西进行弥补。

魏建仓认为，现在很多人记住了深之蓝，因为这是一个特殊的行业。人们知道 AI 技术是人工智能的意思，其实在军事领域一直存在，只不过应用范围比较小，都是特种化的任务。水下机器人这个行业也是特殊的行业。它的诞生是基于军事和工业，军事的特种需求——海油开发，在 20 世纪 60 年代诞生了水下机器人。这些年的发展，包括水下机器人能力的提升导致水下机器人向民营化的领域包括消费级商用领域发展，深之蓝的创业正是这样的变化过程。

深之蓝成立至今，其团队规模从最初不到 10 个人到现在的 300 多人。在产品的研发上，魏建仓称深之蓝在这方面分为两个方向，其中一个是自主研发，而另一个方向则是选择与高校或是中科院等机构进行合作。魏建仓十分看重深之蓝的企业定位，他认为做平台比做产品更重要。因此，深之蓝目前正在打造"水下运动平台"。在硬件之外，他们已经收集了大量的水下数据。基于这些数据，他们后续将研发提供一些其他的能力，且眼下已经在初步的建设中。

在目标市场，魏建仓将深之蓝的定位是"平台"，这也就意味着它能够面向所有市场。也因此，深之蓝在军事、工业以及消费者市场均有所涉及。

深之蓝创业之初，国内的水下机器人还未受到市场的关注，这也就意味着，深之蓝在水下机器人市场占得了一个"先发优势"。同时，魏建仓认为，在先发优势之外，基础平台和文化体系是深之蓝另外的优势。比如基础平台，因为先行一步，深之蓝在创立初期并没有面临太多的市场竞争，使得他们能够安下心把基础平台做好。这也是它们最大的竞争力。

持续研发，与水下机器人复杂系统死磕

水下无人机行业的核心壁垒是什么？"创新+核心技术的积累，最终定义出来能够给人带来新的体验的产品，解决原来解决不了的问题。"魏建仓给出了答案。

"我在国有研究所待了十年，很清楚我们的研发机制差在哪里。"毕业于国防科大的魏建仓表示，深之蓝目前要做的不是把谁当作竞争对手，而是做出真正适应市场的产品。

"这个行业的需求量非常大，只不过我们的能力还没有完全具备，我们做出来的很可能是技术输出，是不完整的输出。"魏建仓认为，这样根本解决不了市场的问题，这也是水下机器人公司存活不多的原因。

对于一个新行业，魏建仓认为需要做的还有很多。深之蓝一开始定位做全系列的小型化的水下运动平台，受到很多人质疑，认为创业公司必须聚焦，聚焦一个产品，聚焦一个点去做。但是魏建仓认为在技术平台体系，技术鸿沟没有跨越的时候，一定要不停拿各种项目，工业级的也好军事级的也好，通过做这些项目把技术平台的加法做起来，积累技术优势，包括人工智能行业也是这个道理。做了足够多的项目，积累了一定的技术点，将这些技术点固化起来，才有了进一步做减法，推出自己产品的可能，不然连起点都没有达到。

深之蓝水下航行器

但是随着企业能力的具备，会逐渐形成完整的输出，这个时候企业的产品基本上就跟市场接上了，才能够有快速增长的市场订单。

按照操作方式的不同，水下机器人可分为两种类型：一种是缆控，通过手动进行遥控；另一种是自控，基于人工智能等进行自主规划。

水下机器人在构造上包含了动力系统、中央控制系统、应急系统以及水动力系统等，是一个很复杂的系统工程。"现在最难的，也就是大家统一认为比较难的通信系统和定位系统。"魏建仓表示。不过，他也称，"通信"这一世界级难题当前也正逐步发展，尤其是在特定的应用环境下，进展速度还是相对较快的。

此外，相比于空中无人机，水下机器人有着更大的技术难度。无论是空气动力学，还是机器算法，空中都相比水下机器人发展更为成熟。水下的环境更为莫测。在不同水下环境测试，并且实现精确控制，其难度不可小觑。

魏建仓认为，水下空间的天花板现在还没有看到，从技术的纵向发展以及产品的宽度发展来看，这一市场的机会还有很多。深之蓝经过调研发现，全球消费者对水下助推器、无人机等产品的潜在需求非常旺盛，市场潜力远远超过一般人的想象。据深之蓝掌握的资料与第三方调研机构的保守推算，未来五年内全球消费级水下机器人产品的市场规模将增长至300亿美元以上，增长速度将是爆发级别的。

理解市场，不停地思考和验证

"如果我们守着军方的订单，也是可以活下去的，但这取决于创始人如何定位这家公司。"魏建仓说："我们最初成立时的定位就是做水下机器人的全平台，即使我们依靠工业级产品就能盈利，这也不是我们发展的终点，我们还要去开拓消费级的产品市场。"

其中，值得注意的是，在消费级市场的应对上，深之蓝在2017年成立了子公司"深之蓝（天津）水下智能科技有限公司"。至于为何会做出这个选择，魏建仓解释道，因为消费级市场不管是营销模式还是产品开发模式，均与军事、工业市场有所差别。

"军事与工业市场的客户之所以购买水下机器人，大多是为了盈利或是解决公共层面的问题,而消费级市场的用户购买水下机器人,则是为了满足个人的体验,带来娱乐价值。"魏建仓表示。

前几年,在业务的占比上,军事与工业的业绩占了一半以上。不过,魏建仓表示,这一比例将在 2018 年发生变化,"在 2018 年,消费和商用市场会成为主力军,大概占到整个营业额的 60% 以上"。

魏建仓用其目前的一款卖的火爆产品举例说,白鲨 MIX 在欧美上市后受众人群特别广泛,从小孩到 80 岁的老者都成了深之蓝的客户。深之蓝制订的价格非常有吸引力,相比专业级水下设备高昂的价格,白鲨 MIX 在欧美价格适中,几乎每个家庭都能承受。因此从去年 12 月份开始陆续出货以来,白鲨 MIX 在欧美一直处于供不应求的状态,产品到达代理商仓库后都会迅速销售一空。

深之蓝水下机器人

半年来,深之蓝从欧美市场接到大量的订单。企业一直在努力提升产能,以满足市场需求。从白鲨 MIX 上市短短几个月以来的火爆市场反响来看,深之蓝对消费级水下机器人的市场前景判断是非常准确的。随着更多新品大规模量产,水下机器人的消费市场商机在未来几年甚至可能超越 300 亿美元的预测值,可谓前景无量。

魏建仓总结白鲨 MIX 的优势时谈到,深之蓝最大的突破是将产品"做小",这个差距是巨大的。白鲨 MIX 是全球第一款电池容量小于 160 瓦时,能够携带上飞机的水下助推器;重量和体积两大关键指标比工业级产品缩小了一个数量级,只有后者的 1/10 级别,性能能满足消费者需求。

这样巨大的进步,使白鲨 MIX 自游器达到了全新的应用高度,不仅适合海滩潜水，甚至可以很轻松地带到游泳馆、海洋世界，这些是从前不可想象的。

与此同时，深之蓝的技术水平可以说是全球一流。深之蓝在水下机器人动力组件、机身流体线性设计、控制算法、水下自主导航算法、核心元器件等层面都是全球领先的。正因如此，白鲨 MIX 可以在很小的体积重量内做出工业级的产品性能，同时保证极致的安全性，这是其他厂商难以做到，未来也难以效仿的。

"比如 ROV 白鲨 MAX 搭载的相机稳定平台，就是深之蓝团队集合众多先进技术研发出的组件，可以在水下一直保持相机的稳定性，大幅提升水下摄影的用户体验。而其他厂商没有能力在这么小的设备平台上集成这类组件，这就是企业的独门绝技。"魏建仓说。

现在深之蓝率先进入水下智能装备的消费市场，通过消费者的反馈不断改进和完善，未来在这方面的领先优势会更难以超越。

幸运地遇到了"不干预"的投资人

新兴科技企业的发展高度依赖投资者支持，而深之蓝的融资之路也可谓一帆风顺。2016 年企业完成了 1.1 亿元的 A+ 轮和 7000 万的 A++ 轮融资。2018 年 7 月 11 日，深之蓝宣布完成了 B 轮融资，本轮融资由源星资本领投，滨海创投、朗玛峰创投跟投。然而，在 2018 年初，深之蓝宣布完成由山水投资、广东旅控集团、高林资本及智壶投资等几家机构联合投资的 Pre-B 轮融资，截至目前，融资总额累计 2.5 亿元。

面对如此顺利的融资，魏建仓坦言他遇到了非常理解他的投资人。"即使在我们遇到困难的时候，投资人也没有来公司干预我们的发展方向。投资人十分信赖我和我的同事，这也给了我很大的鼓励和动力。"魏建仓说。

魏建仓回忆起创业之初寻找投资人的经历。"当时在国内，没有一个人相信一家创业公司能做成水下无人机这件事，我后来一个偶然的机会才知道，我们的第一个投资人孙总也不相信。孙总的爱人跟我说，当时孙总觉得我这个人挺好的，不赌博，不喝大酒。孙总很认可我们这个团队，投资我们'就当买彩票了'。"魏建仓说。

把水下探测这么一个"高大上"的事业跟创业公司联系在一起，这是一个太大的命题。但是魏建仓认为事情开始了就必须做下去。尤其想到信任他的投资人给了他那么多资金，魏建仓觉得不能让投资人赌输。所以，可以说是基于责任，深之蓝开始了对水下的探索。

不过，魏建仓的同事则认为投资人的"不干预"缘于魏建仓给人的信任感，"靠谱"是让投资人全力支持创业者的关键。

与三四年前的空中无人机风口类似，水下无人机也步入了窗口期。魏建仓对深之蓝设置的战略是在国外市场主推个人消费级产品，迎合国外消费者尝试新鲜事物的需求，而国内市场则以军事、工业的水下无人机项目为重心，服务领域涉及国防安全、水利水电、刑事侦缉、科研考古等各行业。这种模式也基本反映出水下无人机企业的市场定位：在国内主攻 2B 市场，在国外主攻 2C 市场。

深之蓝就是要拥有水下机器人全线产品生产能力，以此实现最初"探索水下新世界，为人类水下资源的开发保驾护航"的愿景。

快问快答

问：你的企业什么时候度过了生存期，进入了成长期或是发展期？

答：目前深之蓝已经度过生存期。

问：生存期的创业者最应该思考什么问题？

答：理解市场。

问：在生存期最应该做好哪项业务？

答：做好产品。

问：创业者应该具有怎样的心态？

答：乐观、死磕。

问：有了相应基础，如用户、资源、客户等再创业是必需的吗？

答：可以认为是必需的。

问：什么情况下您觉得必须要创业了？

答：我的性格。

问：生存期内，每天最头疼的问题是什么？

答：人和产品。

问：创业初期应该预设创业的结局吗？

答：可以预设。

问：您认为什么对创业最重要？钱、人、技术？

答：创始人的品质最重要，走正路，真诚，让别人相信你。

我与双创：
参与双创周，让我的演讲视频被点击上千万次

2015年7月，在"发现双创之星"系列活动天津站现场，深之蓝海洋设备科技有限公司总经理魏建仓分享自己的创业故事。"我想创建一家一流的科技公司，为我国海洋资源开发和国家安全提供核心装备保障能力。"这个活动的演讲视频，在腾讯视频上显示被点击了1000多万次。

"我很感谢双创周，当初因为参加这个活动，让我接触到了双创周，现在这个视频被点击的数量还在增加，无疑是对深之蓝一次很好的宣传。"魏建仓说。

那次演讲之后，深之蓝进入公众的视野，让大家了解到中国还有这样一家企业在做水下机器人。之后路透社的报道中，也提到了深之蓝和魏建仓，虽然不知道这是否对于深之蓝消费级产品大卖有帮助，但至少深之蓝在国际上也引起了关注。

在2016年的第二届全国双创周活动北京会场，一枚模样像导弹的水下航行器引起了观众的注意，大家驻足围观、纷纷点评。"这是天津深之蓝海洋设备科技有限公司研发设计的自主水下航行器，可以执行多种水下作业，是军民两用的一种新发明。在民用方面，可用于水下考古、大坝桥梁检测、海洋测绘、港口安防；在军用领域可用于抵近侦察、反蛙人等，几乎将近海及内河航道应用全覆盖。"天津深之蓝公司的负责人在双创周现场向观众们介绍说，"以上述的自主水下航行器为例，多年以来该类产品一直受到国际社会的限制，通过自主创新开发出这类产品，广泛应用于军事和民用领域，有效地打破了国际社会的封锁"。那一年深之蓝推出的还是工业级的机器人。

到了2017年和2018年，深之蓝开始向消费级市场迈进，逐步打开欧美的水下娱乐机器人。对于未来对创业政策的期待，魏建仓希望国际可以考虑给予高科技企业在出口上一定的减税政策，毕竟这是向外输出

高附加值产品，肯定比消费品的出口所带来的利润更多，希望国家在制定政策时可以给予一定的考虑。

高成长性企业：
做水下装备的全球品牌

作为新兴产业，水下助推器的市场开拓非常依赖有效的商业模式。深之蓝目前只在电商渠道销售白鲨 MIX 自游器，但新的计划已经在酝酿之中。

随着深之蓝推出更多的设备品类，企业会逐渐推出租赁模式来推广产品。比如说夏威夷的恐龙湾、马尔代夫、三亚蜈支洲岛，游客们可以在现场租赁白鲨系列产品。消费级水下机器人系列产品一旦试用后很容易激发购买欲望，租赁以后就想购买，这对深之蓝来说是很好的推广机会。

魏建仓团队也在考虑与国内的游泳馆、海洋世界联合推出共享玩法，在这些场馆提供硬件的共享服务，进一步扩大产品在大众间的影响力，也为感兴趣的消费者提供很好的体验渠道。

深之蓝计划持续开发个人消费领域系列化新产品；继续加强海外营销的市场活动和渠道建设；加强军事工业及商用消费产品生产线建设，为急剧增长的市场需求做好充足准备。

可以看出，发展到现在，深之蓝还处在急速的扩张期，还没有到达魏建仓所设立的全平台的大目标。然而，其发展的速度令人印象深刻，尤其在开拓了海外消费级市场领域。魏建仓发现，发达国家在水下运动这方面的消费能力很强、观念比较先进，因此产品前期的市场推广比较容易，半年来其在欧美的出色成绩就是明证。

与此同时，魏建仓也在关注中国市场的发展，大众的消费能力增长迅速、对新事物的接受速度也越来越快，他认为国内未来的市场前景非常广阔。鉴于此，深之蓝制定了两条腿走路的全球品牌战略，前期偏重海外市场，后期侧重国内市场。但总体上，企业会一直是一个全球化的品牌，从全球的高度和视角安排企业战略。

深之蓝的理想就是让每一个人都有机会到水中体验运动的快乐和健康。魏建仓说，水下运动是非常快乐的，给人带来很好的体验，尤其是人从水里出来的一瞬间感觉会特别舒服。深之蓝的口号就是让绝大部分人在水中体验飞翔的感觉。